RENATA JUBRAM

AUTONOMIA 360°

SABERES APLICÁVEIS NA LIDERANÇA ATUAL

www.dvseditora.com.br
São Paulo, 2012

Copyright© DVS Editora 2012
Todos os direitos para a língua portuguesa reservados pela editora.

Nenhuma parte dessa publicação poderá ser reproduzida, guardada pelo sistema "retrieval" ou transmitida de qualquer modo ou por qualquer outro meio, seja este eletrônico, mecânico, de fotocópia, de gravação, ou outros, sem prévia autorização, por escrito, da editora.

Capa: Spazio Publicidade e Propaganda Ltda.
Produção Gráfica, Diagramação: Konsept Design & Projetos.

```
Dados    Internacionais    de    Catalogação    na    Publicação    (CIP)
         (Câmara   Brasileira   do   Livro,   SP,   Brasil)

         Jubram, Renata
            Autonomia 360° : saberes aplicáveis na liderança
         atual / Renata Jubram. -- São Paulo : DVS Editora,
         2012.

            Bibliografia.

            1. Autonomia (Psicologia) 2. Criatividade
         3. Inteligência 4. Liderança 5. Programação
         neurolinguística 6. Realidade pessoal 7. Sucesso
         I. Título.


12-10180                                         CDD-658.402
```

                  Índices para catálogo sistemático:

               1. Autonomia : Liderança : Administração
                       executiva   658.402

A QUEM SE DESTINA ESSE LIVRO?

Este livro foi escrito para pessoas em posição de Liderança e profissionais de Recursos Humanos. Sua proposta é que se faça um passeio – sob diversos ângulos – pelo universo da autonomia. Ao longo desse caminho, o tema será abordado sob a ótica da Ética, da Inteligência e da Educação, propondo reflexões e diretrizes para o desenvolvimento dos indivíduos e das organizações.

AGRADECIMENTOS

*À amiga Paula (in memorian), que me contou que eu escreveria
este livro antes mesmo de eu ter pensando sobre isso.*

*Aos amigos Marcelo e Mariela, pelo carinho e apoio em
todos os momentos.*

Ao amigo Willian, pela parceria e dedicação.

*Ao "porteiro Valtinho" que zela
pela segurança do meu prédio, com autonomia.*

Aos meus pais.

SUMÁRIO

PREFÁCIO ix

INTRODUÇÃO xi

Pessoas com autonomia fazem a diferença? xi

Desenvolver a autonomia dos colaboradores trará benefícios
ao negócio? xiv

Capítulo 1

Autonomia Moral 1

Por que discutir a autonomia moral no contexto da liderança? 3

O Desenvolvimento da autonomia moral 4

Estágios em direção à autonomia moral 8

Equacionamento Moral na Tomada de Decisão 16

Estágios da autonomia moral na liderança 22

Autonomia moral no campo da vontade 28

O "Mal-Estar" na Organização 31

Capítulo 2

Autonomia intelectual — 35

Por que discutir a autonomia intelectual no contexto da liderança? — 37
Inteligência e hereditariedade: a impossibilidade da autonomia — 41
Inteligência e a influência do meio: o início da autonomia — 43
Inteligência Social: a influência da cultura — 45
Inteligências Múltiplas: a expansão da autonomia — 49
Inteligência Emocional: o desafio do autodomínio — 54
Inteligência de Resultados: o foco na aplicabilidade das ideias — 57
Inteligência Espiritual: um elo entre a autonomia moral e intelectual — 60
Gandhi: um Líder com autonomia moral e intelectual — 65

Capítulo 3

Educar para a autonomia — 71

"Vigiar e Punir" ou Educar para a Autonomia? — 73
O Líder Autônomo fortalece as Relações de Cooperação — 77
O Líder Autônomo pratica a Tolerância Sensata — 79
Autonomia e Liderança na Educação Corporativa — 83

Capítulo 4

Autonomia na vida — 97

Liderar a si mesmo — 99
Sete Pilares para o Aprimoramento da Autonomia — 100
Autonomia é a conquista de um "estado" — 106
Autonomia: uma jornada — 108

Referências Bibliográficas — 111

PREFÁCIO

Com os mais sinceros votos de que tenham uma prazerosa leitura, oportunamente, expresso toda minha satisfação em tecer o prefácio deste livro.

Autonomia 360º é uma tradução dos sentimentos de quem vivencia experiências e as traduz para um cotidiano de pensar e refletir cada passo, e a cada momento, num estágio de amadurecimento pessoal e profissional.

De forma preciosa, passando pelo porteiro Zé, a obra nos leva a pensar na formatação de uma organização madura de forma a traduzir as ações e as virtudes no limiar das regras, do que é necessário, e do que é prioridade.

Com o passar da leitura, a busca da melhor forma de liderança e sua existência na condição de como a enxergamos e como a deveríamos enxergar se faz presente trazendo à mente a forma de como a liderança é entendida na lógica de podermos rever nosso conhecimento, nossa experiência e nossas atitudes.

No limiar entre fazer ou não fazer, a leitura nos remete à questão da liderança com a reflexão da autonomia. A autonomia fundamentada na limitação da existência, da persistência, da realização e da busca pela verdadeira coragem.

A coragem tão procurada, mas que no momento de a praticarmos, na decisão de sermos felizes, nos prendemos e ao mesmo tempo a lançamos como âncora no fundo do mar deixando passar a ocasião provocando a necessidade da inteligência.

Desta forma, a lógica da inteligência se faz presente, de todo o tipo de inteligência e, em especial, a inteligência espiritual do mundo invisível que nos cerca e que nos dá a razão do tangível.

O mundo invisível cada vez mais presente, no mesmo espaço em que o volume de informações nos invade distanciando a razão da emoção.

A ausência da razão nos coloca de volta na busca da coragem no mesmo tom de Mark Twain *"Coragem é a resistência ao medo, domínio do medo, e não a ausência do medo"*

Por fim, **Autonomia 360º** demonstra coragem ao traduzir numa mensagem maior, alicerçada na liderança espiritual numa linguagem moderna, a busca da autonomia com uma dosagem do Fator RH – Respeito aos seus limites e a de seus colaboradores e Humildade em aprendermos juntos num verdadeiro exercício dos Saberes Aplicáveis na Liderança Atual.

Professor Joaquim Ramalho de Oliveira Filho
Mestre em Administração pela PUC/SP
Diretor da Universidade Corporativa Anamaco

INTRODUÇÃO

PESSOAS COM AUTONOMIA FAZEM A DIFERENÇA?

A genialidade de talentosos humoristas inspirou a criação do personagem "porteiro Zé" – uma sátira a um tipo de comportamento característico dos muitos porteiros de prédios (www.porteiroze.com). Todo mundo, ao menos uma vez na vida, já se deparou com um "porteiro Zé" em uma atuação que poderia ser classificada, no mínimo, como embaraçosa ou surreal.

O "porteiro Zé" ao iniciar em seu novo emprego recebeu a seguinte ordem: jamais abandonar a portaria, em hipótese alguma. Pois aconteceu que um enorme vazamento causou um transtorno à moradora do terceiro andar. Irritada com a situação, ela pede (praticamente exige) que o "porteiro Zé" vá até seu apartamento prestar "serviços de encanador". De início, ele titubeia, mas acaba cedendo – a moradora fazia parte do conselho administrativo. E o "porteiro Zé" recebe, então, sua primeira advertência. A reclamação foi feita por um grupo de moradores que na tentativa de entrar no prédio, tanto pela garagem, como pela portaria, passa longo tempo esperando sem saber o motivo pelo qual o porteiro "sumiu".

Alguns dias se passaram até que ocorre um incêndio no oitavo andar. A moradora interfona desesperada. Está ferida e com dificuldade para se locomover. Ao perceber e que não há tempo para chamar o bombeiro – ela pede ajuda ao "porteiro Zé", solicitando que suba imediatamente ao seu apartamento. E ele então responde: desculpe, mas tenho ordens para não deixar a portaria. A moradora insiste, expondo a gravidade da situação. E o "porteiro Zé" se mantém irredutível: "Desculpe-me, mas ordens são ordens!"

Em todos os lugares as regras são criadas, sempre, por alguma razão (embora essa razão possa ser controversa) e na maioria das vezes seu intuito é promover um bem-estar comum. A regra "não abandonar a portaria" é uma delas. Toda regra também possui um "espírito". E esse "espírito" é o que justifica e direciona a aplicação da regra. No exemplo dado, cuja regra é "não abandonar a portaria", seu "espírito" é, principalmente, zelar pela segurança dos moradores.

Quanto ao "porteiro Zé", ele representa o estereótipo dos que possuem a seguinte característica: interpretar as regras exatamente "ao pé da letra", sem penetrar no seu "espírito". O personagem em questão é alguém que não desenvolveu sua **autonomia** para lidar com eventos inesperados. Ele obedece cegamente às figuras de autoridade (ou que ele julga ter legítima autoridade) quando deveria estar mais ciente de seu papel. Ao mesmo tempo, faz uso literal da regra quando deveria transgredi-la para ajudar alguém que corre perigo – o que, nesse caso, seria absolutamente legítimo. Logo, como visto, seu desempenho é visivelmente caótico.

Autonomia é um termo abrangente e de modo geral significa: governar a si mesmo. Em sua etimologia, autonomia vem do grego *autos,* que significa "por si só", mais *nomós,* que quer dizer "lei" – o que daria o sentido de "obedecer às próprias leis". Segundo estudiosos do conceito, a autonomia divide-se basicamente em dois campos: o moral e o intelectual. No campo moral, a autonomia se revela na capacidade de questionar e avaliar a legitimidade das regras de conduta vigentes. No caso, é o aspecto que deixou a desejar na atuação do "porteiro Zé".

O fato, porém, é que os "porteiros Zés" estão também nas universidades, nas ONGs, nas repartições públicas, enfim, em todos os lugares, inclusive nas empresas de qualquer porte. Eles ocupam as mais diversas posições, em todas as escalas da hierarquia, inclusive os cargos de liderança. Obviamente, de acordo com as especificidades desse cargo, as decisões exigidas são extremamente mais complexas, em comparação ao exemplo dado, mas os critérios adotados podem ser igualmente controversos e equivocados, assim como o são para o "porteiro Zé".

A justificativa para essa afirmação, segundo pesquisa realizada pelo psicólogo norte-americano Lawrence Kohlberg (uma das referências deste livro), é que predomina – em muitos adultos – uma espécie de *raciocínio moral infantilizado*. Por algum motivo, ao longo do seu processo de desenvolvimento, faltaram estímulos que permitissem a esses indivíduos uma evolução sob o ponto de vista da autonomia.

Por outro lado, é preciso também admitir que lidar com regras e decidir sobre elas com a devida versatilidade, na urgência das situações, não é tarefa fácil para ninguém. E é por essa razão que, de um jeito ou de outro, existe um "porteiro Zé" dentro de cada um nós. E que se manifesta toda vez que aplicamos uma regra literalmente.

O "porteiro Zé", na verdade, é uma ATITUDE. É uma forma rígida e infantilizada de se relacionar com as regras.

A dificuldade do "porteiro Zé", portanto, pode ser a dificuldade de qualquer pessoa, independentemente de sua condição social e de seu grau de escolaridade, diferenciando-se apenas no contexto e no grau de complexidade das decisões. Embora nem todos tenham essa consciência.

Enfim, diante do contexto apresentado, vale retomar a pergunta inicial: Pessoas com autonomia fazem a diferença? Para quem estiver disposto a se aprofundar nesse tema faz sentido ler este livro – embora ele não ofereça soluções imediatistas e nem fórmulas prontas. Isso porque atingir maturidade no campo da autonomia envolve um processo de constante aprimoramento pessoal e profissional, que vai sendo construído passo a passo pelo próprio sujeito. Por essa mesma razão, trilhar o caminho da **autonomia** só será possível para quem, de fato, compreender o seu verdadeiro sentido e legitimar essa possibilidade.

DESENVOLVER A AUTONOMIA DOS COLABORADORES TRARÁ BENEFÍCIOS AO NEGÓCIO?

Quando se pensa no significado da autonomia vem logo à mente a possibilidade de fazer escolhas utilizando o livre arbítrio. E essa rápida associação faz todo o sentido, pois autonomia quer dizer: governar a si mesmo. Entretanto, tal associação também permite distorções que levam a uma interpretação superficial do tipo: "autonomia é fazer o que se quer". E, infelizmente, é assim que ainda pensa o senso comum.

Pela mesma razão, algumas empresas se assustam com essa possibilidade. Temem que o fato de desenvolver a autonomia de seus colaboradores signifique outorgar-lhes a liberdade de "fazer o que bem entendem". Afinal, como funcionaria uma organização dessa forma?

Acontece que a autonomia de um indivíduo significa, sobretudo, atingir maturidade em diversos aspectos, tais como:

- **Ampliar sua capacidade crítica;**
- **Expandir seu nível de consciência e de responsabilidade sobre os próprios atos;**
- **Desenvolver critérios coerentes para o uso das regras;**
- **Aprimorar seu senso de justiça e, consequentemente, as relações de trabalho;**
- **Ter mais iniciativa e tomada de decisão frente às necessidades do negócio.**

Tal combinação, portanto, jamais levará um indivíduo a agir como um "trator", passando por cima dos outros e dos valores da organização. Quem se comporta dessa maneira certamente possui dose significativa de impulsividade, proveniente de emoções irracionais e desprovidas de autoconhecimento. E um indivíduo dominado por seus impulsos é alguém que, obviamente, não governa a si mesmo. Daí então o equívoco, pois a autonomia implica em desenvolver o autodomínio sem o qual não seria possível, como já dito, "governar a si mesmo".

Em última instância, uma organização onde cada um faz o que quer é, na verdade, uma **anarquia.** Assim como um indivíduo que transgride todas as regras de conduta apresenta nada menos do que uma **psicopatia** e, nos dois casos, isso nada tem a ver com o sentido mais profundo da **autonomia.**

Desse modo, quando uma empresa escolhe por investir nesse caminho, significa também que criará condições para que suas equipes de trabalho possam:

- **Aprender a se organizar de forma independente;**

- **Buscar por si mesmas as soluções para os problemas cotidianos;**

- **Ter iniciativa para colocar essas soluções em prática;**

- **Criar produtos e/ou alternativas que favoreçam sua área ou a organização como um todo;**

- **Tomar decisões sobre uma boa gama de regras que regem seu cotidiano, sem perder o foco do negócio.**

É esse conjunto de comportamentos que representará significativa mudança nas organizações que estiverem maduras para desenvolver um comportamento cada vez mais autônomo em seus líderes e colaboradores.

Thomas Kuhn, em *A Estrutura das Revoluções Científicas,* aponta que a ciência nada mais é do que uma "sucessão de estabelecimentos de paradigmas, à medida que emergem novos estudos e novas constatações". O fracasso dos modelos existentes, explica Kuhn, desencadeia a busca por novos referenciais, pois indica que há uma crise. E é a partir dessa crise que surgem novos paradigmas, impondo mudanças nos hábitos de pensar e se comportar.

Pois o mundo corporativo, assim como a ciência, também passa por momentos de crise e, consecutivamente, por sucessivas transformações. A evolução do pensamento e da tecnologia, a complexidade dos cenários mercadológicos cada vez mais competitivos, aliados a uma tendência de humanização nas organizações – deixa pouco espaço para uma cultura organizacional que restrinja a iniciativa e a capacidade de tomar decisões de seus colaboradores.

Cabe ressaltar, no entanto, que se existem empresas que temem investir no desenvolvimento da autonomia, há também aquelas que já demonstram abertura para essa nova tendência. Contudo, boa parte ainda compra a ideia de forma unilateral. Isto é, desejam que seus colaboradores tenham proatividade e "autonomia" para resolver os problemas do dia a dia com eficiência, mas repudiam as manifestações do pensamento autônomo quando utilizado para questionar as incoerências da organização.

Diante de tal impasse, essas organizações também precisam amadurecer, pois não existe "meia autonomia". Sendo assim, ou apostam no desenvolvimento de pessoas com massa crítica para interpretar fatos e agir com segurança e eficácia, ou investem no treinamento de pessoas que somente cumprem ordens, tais como o "porteiro Zé".

Desenvolver e aprimorar a autonomia dos indivíduos exige explorar novas possibilidades de interação e aprendizado, pois se trata de um processo gradativo e que implica em atingir outros níveis de consciência sobre si mesmo, sobre o outro, sobre o negócio e sobre a sociedade. E é justamente nesse cenário que desponta a figura do **Líder Autônomo.** O Líder que inspira valores e aposta na autonomia dos indivíduos como fortaleza frente aos complexos desafios encarados pela organização.

CAPÍTULO 1
AUTONOMIA MORAL

> *Consideremos o raciocínio de líderes morais exemplares, como Gandhi e Martin Luther King. Cada um desses homens sentia muito profundamente que o âmago da moralidade (e o âmago da sociedade) era o igual respeito pela dignidade humana. Cada um deles foi capaz de mostrar o respeito mútuo, reconhecendo a exigência moral de se engajar no diálogo com aqueles que discordavam profundamente deles.*
>
> Lawrence Kohlberg

POR QUE DISCUTIR A AUTONOMIA MORAL NO CONTEXTO DA LIDERANÇA?

Fazemos parte de uma cultura que, infelizmente, de forma subjetiva atribuiu um significado controverso a determinados valores, tais como a bondade e a honestidade. O adjetivo "bonzinho", por exemplo, adquiriu tom pejorativo. Quando alguém diz: "cansei de ser bonzinho", na verdade, está querendo dizer que cansou de ser "feito de bobo", de ser enganado. A pessoa "boazinha" é também aquela que aceita passivamente determinadas formas de abuso, enquanto a pessoa demasiadamente honesta é aquela que "deixa passar as oportunidades".

Por essa mesma razão, ao discorrer em prol de uma liderança ética – embora a cartilha do "politicamente correto" faça com que ninguém tenha coragem de criticar o tema abertamente – dependendo do contexto e do ambiente, corre-se o risco de parecer uma "conversa de Pollyanna": jargão inspirado na personagem literária que possui uma conotação de ingenuidade e utopia, absolutamente incompatíveis com a competitividade do mundo corporativo.

Talvez haja certo pessimismo nessas colocações. Afinal, hoje em dia fala-se em ética corporativa e responsabilidade socioambiental. Faz parte da política das empresas. É o cartão de visita que elas desejam apresentar. Mas, na prática, será que as organizações acreditam que investir no aprimoramento de lideranças baseadas em valores possa, de fato, favorecer o negócio? É por essa razão que – longe de criticar qualquer iniciativa que apregoe a relevância dos valores morais (muito pelo contrário) – o tema proposto será também abordado sob a ótica do negócio. Isto é, um líder precisa ser ético, mas, ao mesmo tempo, mostrar resultados. E essa verdade obviamente não pode ser mascarada.

Assim, o objetivo desse capítulo inicial é: discutir a relevância da autonomia moral no papel do líder. Pretende-se mostrar o quão significativo é para a organização o desenvolvimento e aprimoramento de líderes autônomos, capazes de estreitar os laços entre a ética e a eficácia, no contexto do trabalho e das relações humanas.

O DESENVOLVIMENTO DA AUTONOMIA MORAL

Para ilustrar a ideia apresentada, e também para evitar certa superficialidade, será descrito o processo de desenvolvimento moral do ser humano, desde seu início, sob a ótica da psicanálise de Sigmund Freud e do construtivismo (teoria sobre a construção da inteligência) de Jean Piaget. A abordagem freudiana, no entanto, será relatada de forma sucinta, pois a ênfase será dada aos preceitos piagetianos, que vinculam o tema da moralidade de forma significativa ao contexto da inteligência e da autonomia.

Antes, porém, é preciso definir *moral* (assim como já feito com *autonomia*). Moral representa o conjunto de regras de conduta desejáveis em uma sociedade, assim como, *moralidade,* é a qualidade dos que seguem os princípios morais. Moral deriva do latim *mores*, que significa "relativo aos costumes". A etimologia da palavra moral é originada de um intento romano para traduzir a palavra grega *êthica*. *Êthica* possuía para os gregos dois sentidos: o primeiro deriva de *êthos* e significa: "a interioridade do ato humano". Já o segundo deriva de *éthos*, que remete-se à questão das regras sociais e dos valores. A tradução do termo privilegiou o segundo sentido. E dessa tradução "incompleta" resultou a confusão entre ética e moral.

É por essa razão que alguns autores preferem adotar uma diferenciação conceitual. Nesse caso, a forma mais comum encontrada é reservar para a moral o fenômeno social, enquanto a ética trataria da reflexão filosófica ou científica sobre o que é considerado moral. Neste livro, porém, os termos serão usados como sinônimos, visto que tal distinção é negada por boa parte dos autores, inclusive por Piaget e Kohllberg (as principais referencias teóricas utilizadas) que adotam o mesmo significado para ambos.

Voltando ao desenvolvimento moral, de acordo com a perspectiva psicanalítica ele é compreendido como parte do desenvolvimento da sexualidade. Segundo Freud, por volta dos 5 anos de idade a criança elege como objeto de seu desejo o genitor do sexo oposto (o pai ou a mãe), e passa a ter sentimentos ambivalentes (amor e ódio) para com o genitor do mesmo sexo. Surge o assim chamado: *Complexo de Édipo*. Segundo a psicanálise, esse complexo é reprimido e se torna inconsciente, mas continua a agir no psiquismo do indivíduo de forma intensa. Porém, antes mesmo da puberdade, sob a influência da educação, esses impulsos que foram submetidos à repressão dão origem a determinados aspectos, entre os quais, o desenvolvimento da moralidade.

Isso ocorre porque a partir dessa proibição (ou repressão) do desejo começa a se estruturar uma determinada instância da personalidade: o Superego, responsável pela organização interna dos valores morais do indivíduo, seu código de conduta. O Superego se opõe à parte primitiva e instintiva do ser humano, configurando-se como uma espécie de censura interior. Por conter os códigos morais e os modelos de conduta internalizados, o Superego atua como uma espécie de "freio moral", no sentido de proibir e julgar os desejos do indivíduo, de forma consciente e inconsciente.

Piaget por sua vez, faz um caminho distinto, no qual pode-se dizer que é no campo da Psicologia Construtivista que irão se estreitar efetivamente os laços entre a inteligência, a moralidade e a autonomia. O psicólogo suíço propõe, categoricamente, que há uma relação entre o desenvolvimento moral e a evolução intelectual. Isto é, existe um efetivo papel da inteligência (por meio da lógica e da razão) que possibilita ao homem atingir critérios mais aprimorados ao emitir um julgamento moral.

Assim, o desenvolvimento da moralidade ocorre concomitantemente ao desenvolvimento da inteligência, à medida que a criança abandona seu *egocentrismo inicial* (em que se enxerga como o centro do universo) e ingressa em um processo de *socialização*, no qual passa a compreender as intenções e os desejos do outro, assim como a necessidade de conviver com essas diferenças. Ao longo desse processo, o indivíduo percorre basicamente três estágios sucessivos:

1. **Anomia**

2. **Heteronomia**

3. **Autonomia**

Primeiramente, no período que ocorre desde o nascimento até por volta dos 2 anos de idade, há uma fase chamada de **anomia** (pré-moral), na qual as regras e a moralidade estão ausentes, ou seja, ainda não fazem parte do comportamento nesse universo infantil.

Em relação a essa fase inicial do desenvolvimento cabe aqui uma observação: a anomia é absolutamente legítima por tratar-se de um bebê ou uma criança ainda muito pequena. Já a ausência total de regras e da moralidade, no adulto, é o que a psicopatologia classifica como *psicopatia* ou *perturbação anti-social da personalidade*. Isto é, um menosprezo e a consequente violação das regras e dos direitos dos outros, que se manifesta em comportamentos criminosos, fraudulentos e de manipulação, sem nenhuma culpa por parte do indivíduo. Psicanaliticamente falando, seria um indivíduo que não estruturou um superego.

Voltando à teoria piagetiana, no estágio posterior (dos 2 aos 7 anos, mais ou menos) começa a se estruturar "a primeira moral da criança": a **heteronomia**, cuja característica predominante é a obediência cega e o medo da punição.

Nessa fase, a criança não julga a regra a partir de uma interpretação de sua própria consciência – a regra é vista como pronta – e concebida como algo "revelado" pelos pais. Assim, a criança considera "correta" somente a ação que represente obediência às regras, por conseguinte, é "má" toda ação que demonstre desobediência nesses casos. Trata-se, portanto, de uma moralidade na qual a criança é *governada pelo adulto*.

Entretanto, *se* o indivíduo evolui para estágios mais elaborados, a orientação moral se modifica. Surge então a autonomia na qual o indivíduo passa a *governar a si mesmo*, isto é, ter seus próprios critérios e julgamentos para o que está certo ou errado, independentemente da obediência e da possibilidade de receber, ou não, uma punição advinda de figuras de autoridade (orientação externa). Pois o indivíduo autônomo passa a legitimar as regras pelo crivo da razão e da sua própria consciência (orientação interna).

Piaget formula sua teoria sobre *O Juízo Moral na Criança* – sua principal obra sobre o tema e que inspirou estudos posteriores – criando variadas situações que lhe permitisse avaliar os aspectos intrínsecos da moralidade infantil. Simplificando sua linguagem, eram questões do tipo: Quem está mais errada: a criança que quebra uma pilha de pratos enquanto ajuda a sua mãe a enxugar a louça, ou aquela que quebra um único prato enquanto entra na cozinha para roubar um biscoito?

Diante da apresentação de tais situações às crianças, e observando suas opiniões, surgiram algumas conclusões. Piaget notou que a resposta predominante até os 5 anos de idade era que estava mais "errada" a criança que quebrou uma pilha de pratos. Isso ocorre porque a moralidade heterônoma carrega características do egocentrismo infantil, o que faz com que seja dotada de características peculiares, tais como: desconsiderar o critério da "qualidade" do ato em si, e adotar o critério da "quantidade" ao julgar uma ação.

Assim, indivíduos heterônomos são aqueles que avaliam os atos de outra pessoa somente em função do cumprimento da regra, sem levar em conta a sua *intenção*. Esses indivíduos também aplicam as regras ao "pé da letra", pois não são capazes de interpretar o seu "princípio" e considerar as circunstâncias. Pode-se dizer, portanto, que interpretação literal da regra, sem nenhuma flexibilidade, é a principal característica da heteronomia.

Concluindo: esta é, então, a moralidade demonstrada pelo "porteiro Zé", quando justifica que "ordens são ordens", negando ajuda a alguém que corre perigo de vida. Na sua avaliação, quebrar a regra seria errado, pois implicaria em um ato de desobediência. Embora ele seja um adulto, é alguém que estacionou em um estágio infantilizado, provavelmente pela ausência de estímulos adequados durante o seu desenvolvimento.

Estágios do desenvolvimento da Autonomia

3 - Autonomia

A distância entre esses dois estágios é longa e a maioria das pessoas *estaciona* em alguma parte do caminho, permanecendo com uma atitude moral infantilizada.

2 - Heteronomia

1 - Anomia

ESTÁGIOS EM DIREÇÃO À AUTONOMIA MORAL

Dando continuidade à teoria do desenvolvimento moral desponta nesse cenário o psicólogo norte-americano Lawrence Kohlberg, professor da Universidade de Harvard. Assim como Piaget, Kohlberg centraliza sua noção de moralidade na atitude de respeito pelas pessoas.

Kohlberg procurou complementar e sofisticar a teoria moral de Piaget. Para tanto, ele descreve seis estágios intermediários entre a moralidade heterônoma e a autônoma, propondo que existam níveis de motivação por trás de uma conduta aparentemente moral. A sequência desses estágios morais pelos quais a criança passa até a idade adulta é invariante e universal, embora nem todos os seres humanos atinjam os estágios mais elevados, isto é, mais autônomos. **O caminho que vai da heteronomia para a autonomia é longo, e a maioria das pessoas estaciona no meio dele. O "porteiro Zé", por exemplo, é um adulto que estagnou em estágios infantilizados.**

Um dos aspectos fundamentais da teoria kohlberguiana pressupõe a ideia de que uma criança não consegue desenvolver um sistema moral até que certas habilidades intelectuais subjacentes tenham sido desenvolvidas. Ele enfatiza que uma pessoa pode estacionar em determinado nível de desenvolvimento moral por duas razões: ou porque não é intelectualmente capaz de avançar para o próximo estágio, ou porque o ambiente que a circunda não provê experiências que promovam esse crescimento.

Ao descrever o que chamou de autonomia moral, a teoria kohlberguiana apoia-se na noção de "imperativo categórico" do filósofo Immanuel Kant. O imperativo categórico fundamenta-se nos seguintes termos: "Age de tal maneira que o motivo que te levou a agir possa ser convertido em uma lei universal". Esta seria a base para a compreensão dos estágios mais avançados do desenvolvimento moral designados por Kohlberg, cuja teoria organizou uma hierarquia de razões para o comportamento moral.

Na teoria de Kohlberg, os estágios refletem as diversas maneiras de se raciocinar sobre os aspectos da moralidade, visto que não existem padrões morais pré-fixados. Portanto, os estágios de desenvolvimento moral avaliam o grau de **autonomia** do indivíduo, de acordo com dois aspectos: **a qualidade da elaboração de seu raciocínio e a motivação que orientou a escolha.** Isso porque, para que uma ação seja considerada, ou não, uma ação moral, é preciso que a motivação que a inspirou também seja de cunho moral.

> *Se uma pessoa deixa de mentir ou de matar motivada pelo medo da prisão, sua ação não é moral – é mera prudência; em compensação, se foi o sentimento do dever que a levou a abster-se da infração, dir-se-á que sua ação foi moral. Verifica-se que não é somente o querer, mas, sobretudo a qualidade desse querer que importa para a ação moral, pois há motivações que são morais, e outras não.*
> *(La Taille, 2002, p. 135)*

A teoria de Kohlberg também prevê que a elaboração de julgamentos morais avançados é condição necessária, mas não suficiente para que o sujeito se comporte, em todas as situações, de acordo com os níveis de conduta moral mais elevados. Isto é, os indivíduos costumam oscilar de acordo com as circunstâncias.

Kohlberg propôs um método de avaliação moral no intuito justamente de identificar a *qualidade* da motivação moral do indivíduo, ao emitir um julgamento nessa esfera. Para tanto, ele elaborou um sistema por meio da análise de respostas dadas a alguns dilemas. Entre os quais, o mais conhecido é o dilema de Heinz – que narra a história do marido que rouba o remédio para salvar a vida da esposa doente.

DILEMA DE HEINZ

Em um país distante, havia uma mulher que estava quase à morte, pois sofria de uma doença grave.
Havia apenas um remédio que poderia salvá-la, segundo os médicos.
Tratava-se de um remédio recém-inventado por um farmacêutico da mesma cidade.
Produzir o remédio era caro, embora o farmacêutico cobrasse, por uma única dose, dez vezes mais do que lhe custava para produzi-la.
Heinz, o marido da mulher doente, procurou arranjar dinheiro emprestado para adquirir o remédio, mas conseguiu juntar somente a metade.
Ele tentou por todos os meios convencer o farmacêutico a lhe fazer um abatimento ou parcelar o pagamento.
O farmacêutico simplesmente se recusava a qualquer acordo e retrucava que queria ganhar dinheiro.
Certa noite, Heinz desesperado arrombou a farmácia e roubou o remédio para sua esposa.

Perguntas formuladas por Kohlberg: O marido poderia ter feito isso? Por quê? E ao obter as respostas, surgem então novas perguntas: E se ele não gostasse da mulher, ainda assim deveria roubar o remédio? E se fosse um estranho que estivesse doente? E se fosse um animal doméstico? Você acha que as pessoas devem fazer de tudo para obedecer à lei?

E por meio desse sistema o psicólogo avaliava o estágio de autonomia moral das pessoas entrevistadas. De acordo com sua abordagem, uma pessoa pode ser classificada em qualquer um dos estágios, tanto quando defende que se deve roubar o remédio, como também ao defender que o remédio não deve ser roubado. **O diferencial está, acima de tudo, na justificativa dada pela pessoa para a sua decisão.**

AUTONOMIA MORAL

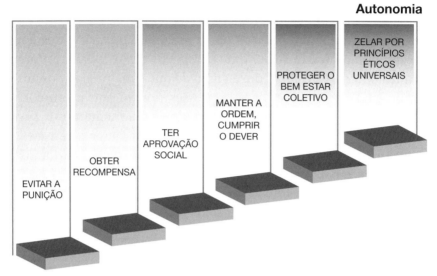

Estágio 1: a moralidade heterônoma

A orientação moral é externa (fora do indivíduo), ou seja, é direcionada para a obediência e pelo medo da punição (advinda do outro). O indivíduo age apenas para evitar a punição, pura e simplesmente. Há uma ausência dos critérios de *intencionalidade* e *merecimento* ao julgar uma ação. Por essa razão, as regras e atributos morais se aplicam em seu sentido literal absoluto.

Nesse estágio, o indivíduo responde ao dilema apresentado da seguinte forma, por exemplo: "Ele não deveria roubar o remédio porque não tinha licença. Quem rouba vai para a cadeia".

Agora, atenção para uma resposta do tipo: "O marido estava certo em roubar o remédio, pois é muito difícil ser apanhado em flagrante". Este tipo de resposta pertence ao mesmo estágio da resposta anterior, mesmo sendo aparentemente oposta, pois em ambos os casos, a orientação moral gira em torno da ideia de punição.

Esse mesmo princípio prevalecerá em todos os estágios posteriores. Ou seja, não importa se a resposta for "sim, poderia roubar..." ou "não, não poderia roubar..." Em ambos os casos, é a justificativa dada pelo sujeito que irá designar o estágio de orientação moral em que ele se encontra.

Estágio 2: a moralidade do individualismo

A orientação moral é direcionada pelo individualismo e pela troca (barganha). O indivíduo procura obter uma recompensa por sua ação. Esse estágio caracteriza-se por uma perspectiva individualista. Porém, é aqui que começa a surgir a consciência de que cada pessoa possui seus próprios interesses, e que esses interesses podem entrar em conflito. Desenvolve-se, portanto, uma relatividade moral mediante o entendimento de que diferentes pessoas podem ter diferentes interesses, porém igualmente válidos – o que lhes dá o direito de reclamar por justiça. Assim, há um reconhecimento de que é legitimo perseguir os próprios interesses. A perspectiva do segundo estágio é pragmática: maximizar a satisfação das necessidades e desejos próprios, embora o reconhecimento de que as pessoas possuam desejos e necessidades diferentes permita que sejam estabelecidos intercâmbios entre indivíduos.

Quem está nesse estágio geralmente responde: "o marido poderia roubar o remédio para salvar a vida de sua mulher porque ele precisa dela para cuidar dele". Trata-se de um raciocínio similar ao dos que dizem: "faço o bem aqui na Terra para garantir o meu lugar lá no Céu."

Estágio 3: a moralidade das relações interpessoais

A orientação moral é direcionada às expectativas interpessoais e à consequente aprovação social. O indivíduo procura evitar a desaprovação da comunidade. Isto é, a ação moral é orientada pela motivação de "ser aceito" pelo grupo no qual está inserido.

Como aqui a motivação é agradar, receber aprovação do meio, o argumento, portanto, é algo como: "se ele não roubasse, seus amigos diriam que ele é mau, pois deixou a mulher morrer". Ou então: "Se ele roubar, seus amigos vão achar que ele é um ladrão, e não vão mais ter consideração por ele".

Estágio 4: a moralidade do sistema social

A orientação moral é direcionada à manutenção da ordem social. Nessa etapa desponta um grande respeito pelas autoridades responsáveis por esse papel. Há o reconhecimento de que as normas sociais promovem uma organização que evita a desordem. O sistema social é visto, portanto, como um conjunto de códigos e procedimentos que se aplicam imparcialmente a todos os membros. Nesse estágio, perseguir interesses pessoais só é legítimo se estiver de acordo com as normas sociais. O sistema de regras é reconhecido como necessário para resolver os conflitos oriundos dos interesses pessoais diferenciados.

A linha de raciocínio estabelecida por esse indivíduo é algo como: "o marido não deve roubar o remédio porque é seu dever como cidadão respeitar as leis". A mesma orientação está prevista naquele que responde que o marido deveria roubar o remédio porque há um artigo da lei que autoriza o roubo em casos extremos. Há também os que sinalizam a importância de se "cumprir o dever de marido", ao justificar sua aprovação ao furto do remédio.

Estágio 5: a moralidade do bem-estar social

A orientação moral é direcionada à preservação dos direitos humanos e do bem-estar da sociedade como um todo. As leis não são mais consideradas válidas pelo mero fato de serem leis. O indivíduo admite que as leis podem ser injustas e que devem ser mudadas, desde que haja um consenso social neste sentido. A validade das leis somente se justifica quando para proteger os direitos humanos fundamentais. O sistema social é visto como para preservar os direitos de cada um, ao mesmo tempo em que promove o bem-estar coletivo. Esse estágio constitui-se muito mais como uma perspectiva de "criar uma sociedade justa", do que apenas "manter a sociedade". Há ainda uma preocupação em proteger o direito das minorias e assegurar o valor da vida e da liberdade humana, porém a mudança é buscada somente por meio de canais legais.

Os sujeitos geralmente trazem a ideia de que deveria haver uma lei proibindo o abuso do farmacêutico. Fala-se, por exemplo, na necessidade de mudar as leis que regulam lucros em certas atividades. Já o raciocínio de quem é contra o roubo do remédio é expresso em frases do tipo: "Embora o caso envolva circunstâncias extremas, não se pode autorizar alguém a tomar a lei pelas próprias mãos. Se a lei é injusta, a sociedade deve se reunir para mudá-la, prevenindo situações futuras".

Estágio 6: a moralidade autônoma

A orientação moral é interna (parte de dentro do indivíduo), pois a punição advém somente da própria consciência. Esse estágio designa uma estrutura *autoconsciente* para tomar decisões morais. A orientação moral é direcionada pelos princípios éticos universais, tais como: justiça, igualdade, equidade, imparcialidade, respeito à vida e à dignidade humana. Tal atitude se expressa no cuidado com as pessoas como fim em si mesmas, e nunca como um meio para se alcançar algo. Esse respeito pela dignidade humana pode implicar, por vezes, em quebrar as regras socialmente reconhecidas. Isso porque a maior preocupação existente é a de maximizar o bem-estar de todos os indivíduos, assegurando-lhes a máxima liberdade, compatível com a liberdade dos outros. O bem se define em função dos direitos humanos e dos valores e princípios universais. Quando a lei protege os direitos humanos, existe o dever moral de cumpri-la, mas quando vai contra os direitos humanos, existe o dever moral de desobedecê-la. É, portanto, a **"moralidade da desobediência civil"**.

O indivíduo avalia que quando as leis não podem ser modificadas pelos canais legais é admissível não respeitá-las, quando em nome dos princípios éticos universais. Um exemplo de resposta ao dilema para esse nível foi dado por um filósofo:

> *"Sim, ele poderia roubar o remédio. Legalmente seria errado, mas moralmente correto. De início, todos têm o dever de salvar uma vida (quando está em condições de fazê-lo) e, neste caso, o dever legal de não furtar é claramente compensado pelo dever moral de salvar uma vida. No caso de um conflito entre o imperativo de uma lei específica e um imperativo moral, pode-se frequentemente intuir que se deve quebrar uma lei para cumprir um dever moral".*
> *(Biaggio 1971, p 208-209).*

Embora o raciocínio realizado pelo filósofo demonstre a maturidade e a beleza equivalente ao estágio 6, Kohlberg aponta que apenas 3% a 5% das pessoas apresentam tal tipo de raciocínio. Note-se, porém, que a complexidade dos raciocínios representativos do estágio 6 deixa pistas de que não seria possível atingir esse estágio sem o suporte de um aparato intelectual muito bem desenvolvido. E é nesse ponto que as contribuições de Kohlberg, assim como de Piaget, estreitam significativamente os laços entre a moralidade e a inteligência.

Em síntese, o estágio 6 contém as sementes do pensamento e da ação revolucionários, enquanto o estágio 4 representa a moralidade convencional que preza pela manutenção do *status quo*. Assim, indivíduos autônomos são aqueles capazes de lutar e de modificar regras e leis pela desobediência civil e pela fidelidade aos princípios de consciência – o que lhes confere extrema importância em termos de mudança e evolução social. Gandhi, como será visto adiante, seria um exímio exemplo dessa autonomia expressa por meio da "moralidade da desobediência".

A seguir, tabela que resume a evolução moral, segundo Kohlberg.

SÍNTESE DOS ESTÁGIOS DE MOTIVAÇÃO EM DIREÇÃO A AUTONOMIA MORAL		
Por volta dos 2 aos 6 anos de idade (estágios heterônomos)	**Por volta dos 7 aos 11 anos de idade (estágios intermediários)**	**Início na adolescência (estágios autônomos que *podem* ser atingidos pelo adulto)**
Estágio 1: motivado pelo medo da punição e pela obediência • Obediência cega às figuras de autoridade (orientação externa). • Evitar a punição. • Aplicação e interpretação da regra no sentido literal. • Ausência de flexibilidade quanto aos julgamentos morais. • Ausência do critério de intencionalidade ao julgar uma ação moral.	**Estágio 3: motivado pela aprovação social** • Agradar o outro e ter aprovação social. • Evitar a rejeição alheia. • Moralidade do "bom moço", da "boa moça". • Perspectiva de assumir atitudes altruístas e pró-sociais para obter prestígio ou reconhecimento.	**Estágio 5: motivado pela proteção do bem-estar coletivo** • As leis não são válidas pelo mero fato de serem leis. Admite-se que devem ser mudadas, quando injustas, desde que haja um consenso social. • As leis se justificam apenas se forem para proteger os direitos humanos fundamentais. • Perspectiva de "criar uma sociedade justa".
Estágio 2: motivado por obter recompensa • Consciência de que cada pessoa possui seus próprios interesses, o que pode gerar conflito (percepção do outro). • Perseguir os próprios interesses é reconhecido como legítimo. • Perspectiva individualista e hedonista que permite a troca para atingir os próprios interesses. • Intercâmbio de interesses com outros indivíduos (barganha).	**Estágio 4: motivado pela manutenção da ordem social** • Reconhecimento de que as normas sociais promovem uma organização que evita a desordem. • Respeito pela autoridade e pela manutenção do "status quo". • Perseguir interesses pessoais só é legítimo quando garante a manutenção do sistema social. • As regras são reconhecidas como necessárias para resolver os conflitos oriundos dos interesses pessoais diferenciados.	**Estágio 6: motivado por zelar pelos princípios éticos universais** • Obedecer a própria consciência (orientação interna). • Capacidade de equacionamento moral para tomar decisões. • Cuidado com as pessoas como um fim em si mesmas. • Perspectiva de assegurar a justiça, a imparcialidade, e a equidade. • O respeito pela dignidade humana permite quebrar regras sociais. • O bem se define em função dos direitos humanos e dos princípios éticos. É a "moralidade da desobediência".

EQUACIONAMENTO MORAL NA TOMADA DE DECISÃO

A autonomia de um indivíduo (que atinge os 2 últimos estágios kohlberguianos) é resultante da capacidade de realizar o chamado: *equacionamento moral*. O equacionamento moral ocorre quando se é capaz de perceber os elementos morais que estão em jogo, para então ponderá-los e hierarquizá-los, antes de emitir um julgamento ou fazer uma escolha. Note-se, porém, que não se trata de uma fórmula para chegar à "resposta certa", pela mesma razão de que não existe "verdade única". Trata-se somente de um exercício cujo intuito é aproximar-se da solução "mais justa" que pode ser dada ao problema.

Para ilustrar a ideia, de início, será dado um exemplo bastante simplista. O "não mentir" é uma regra moral aprendida desde a infância. Assim, qualquer indivíduo que tenha superado o estágio da anomia (ausência total de regras) já terá internalizado essa norma de conduta. Entretanto, um heterônomo (aquele que já internalizou a regra) poderá, no entanto, interpretá-la de forma absolutamente literal.

Por exemplo: um amigo te encontra na rua e o convida para jantar. Você aceita e ele então prepara uma refeição para recebê-lo em sua própria casa. No final do jantar seu amigo lhe pergunta se você gostou, se estava bom. Você, na verdade, não gostou do jantar. Para o seu paladar, o prato estava salgado e, para piorar, ele ainda usou um tempero exótico que não lhe agradou. O que fazer? Se você respondeu que o jantar estava ótimo, você mentiu. Mas será que sua conduta pode ser considerada uma transgressão, já que a regra "não mentir" foi violada?

Obviamente sua conduta só seria uma transgressão na opinião de um heterônomo – aquele que interpreta a regra "ao pé da letra", sem identificar o princípio que a norteia. Já para quem possui **autonomia moral**, a mentira aplicada, nesse exemplo, seria tranquilamente permitida. Ao fazer o *equacionamento moral* é possível identificar outra possibilidade de conduta, permitida nessa circunstância: algo mais ou menos como "não magoar um amigo desnecessariamente". Tal opção não se confronta com o espírito da regra *não mentir* que prevê, entre outras coisas, aprimorar a qualidade dos relacionamentos humanos.

Segundo o professor Yves de La Taille em *Moral e Ética*, a moral é um objeto da razão. Ela não se reduz a uma "intuição que viria de não se sabe onde". A moral tem um conteúdo construído pela cultura, cuja função é de nos informar claramente sobre o que se deve, ou não, fazer. Ele cita alguns exemplos clássicos de regras morais (sobre o que não se deve fazer): "não matar", "não roubar". Assim como também existem as regras morais que nos informam sobre o que fazer, como por exemplo, **"ajudar as pessoas que estão em perigo". E foi justamente em relação a essa regra que o "porteiro Zé" se equivocou, devido a sua moralidade heterônoma. Ele não teve autonomia para *equacionar* a situação, pois julgou mais importante obedecer a regra vigente: "jamais abandonar a portaria".**

Realizar o equacionamento moral, porém, só faz sentido quando a situação envolve um *dilema de ordem moral*. Ou seja, quando as duas possibilidades de escolha possuem peso moral. Caso contrário, não há o que equacionar, pois do ponto de vista moral há somente uma única opção. Por exemplo: se alguém fica em dúvida se deve, ou não, mentir sobre seu currículo para alcançar um cargo almejado, é um dilema. Mas não um dilema moral, pois nesse caso apenas a opção de não mentir seria moralmente legítima. Já no dilema de Heinz, analisado anteriormente, há um dilema moral claro: de um lado, a regra "não roubar", de outro, a regra: "salvar uma vida".

Muitos já devem ter ouvido alguém utilizar a seguinte expressão: "eu não sou bonzinho, sou justo". Mas será que todos possuem, de fato, um critério de justiça irretocável, que dispensa qualquer tipo de aprimoramento? As pessoas fazem tal afirmação porque, equivocadamente, partem do princípio de que o senso de justiça já nasce pronto, dentro de nós – como uma espécie de "semente do bem" que germina espontaneamente sem nenhum esforço. No entanto, não é bem assim. A capacidade de julgar com discernimento impõe a necessidade de um aperfeiçoamento constante. O desenvolvimento moral, como já dito, ocorre paralelamente ao desenvolvimento da inteligência – e ambos nunca chegam a uma forma final, pois estão em permanente evolução em direção à autonomia.

Para se aprender a raciocinar com autonomia sobre os dilemas morais da vida cotidiana (sobretudo os mais exigentes do ponto de vista da inteligência) é preciso, portanto, exercitar o *equacionamento moral*. Nesse exercício, primeiramente são identificadas as regras (ou valores envolvidos) que tornam polêmica a questão. Em seguida, a situação deve ser visualizada, simbolicamente, como em uma espécie de balança capaz de "pesar" e ponderar os componentes do dilema. O objetivo principal é abandonar interpretações literais, visto que o foco está justamente em identificar o "espírito" da regra, confrontando-a com os elementos específicos e circunstanciais que envolvem o conflito. A decisão consiste em identificar qual a regra de maior peso, ou melhor, qual a regra que deverá prevalecer sobre a outra, *naquela situação específica*. A heteronomia vai sendo superada quando prevalece um raciocínio autônomo, cuja decisão estará mais próxima aos princípios éticos e universais de consciência.

Vale ressaltar que o próprio símbolo da justiça é representado por uma balança. Isso porque, em sua etimologia, a palavra pensar (do latim *pensare*) significa "pesar". Um julgamento justo é, portanto, um julgamento equilibrado. Qualquer desequilíbrio no julgamento representa um erro de pensamento – ou um erro de "pesagem".

No caso do dilema de Heinz, a resposta dada no exemplo do estágio 6 é resultante de um equacionamento moral, no qual o valor da vida obteve um "peso" maior. Dificilmente, em qualquer outra circunstância, a regra "não roubar" poderia ser quebrada, sem que essa quebra fosse considerada, do ponto de vista moral, uma gravíssima transgressão.

EQUACIONAMENTO MORAL

"Trata-se de um aprimoramento da capacidade de **julgar** e **tomar decisões** com **autonomia**."

Não roubar

Salvar uma vida

Mas enfim, qual a aplicabilidade do *equacionamento moral* no exercício da liderança?

É somente a partir de um aprofundamento, a princípio teórico, que um líder caminha no sentido de organizar e "lapidar", cada vez mais, a sua orientação moral para então colocá-la em prática. E, à medida que evolui em direção à **autonomia moral,** poderá equacionar com maior eficiência os conflitos que emergem no cotidiano das organizações, tornando-se cada vez mais preparado para tomar decisões justas e, consequentemente, acertadas.

Note-se que o ambiente de trabalho pressupõe o relacionamento e a convivência intensa entre pessoas que dividem tarefas, mediante um vínculo profissional (e não afetivo, *a priori*), em um clima muitas vezes competitivo. É justamente nesse contexto delicado que o líder frequentemente toma decisões valorativas que envolvem pessoas.

Uma situação um tanto corriqueira na qual se observam gestores em todas as hierarquias fazendo uma interpretação literal das regras é na avaliação de desempenho. Nesse momento, muitos manifestam uma dose de heteronomia assumindo uma atitude "porteiro Zé". Ao atribuir notas aos seus colaboradores, ficam totalmente presos aos critérios pré-estabelecidos que acompanham os manuais, fazendo interpretações "ao pé da letra". Desse modo, desconsideram o contexto, as circunstâncias e as situações adversas que, muitas vezes, permitiriam uma revisão mais autônoma das normas de avaliação. E é, justamente nesse processo, que se desfaz boa parte da motivação e dos vínculos positivos que os colaboradores estabeleciam com seu o líder e, consequentemente, com a organização.

Na página seguinte, há uma régua utilizada na avaliação de desempenho por uma multinacional conceituada. A empresa identificou as dez competências fundamentais ao escopo do negócio e, *Paixão por Resultados,* é uma delas. Note-se que a nota 04 (APL – atende plenamente) está vinculada ao atingimento das metas. Sabe-se, no entanto, que nem sempre as metas são bem dimensionadas. Muitas vezes, também, acontecimentos inesperados, que fogem totalmente da alçada do colaborador, interferem nos resultados obtidos.

O que fazer no momento da avaliação, se o colaborador empenhou esforços acima do esperado, mas não atingiu suas metas por motivos alheios ou externos?

AVALIAÇÃO DE DESEMPENHO

Exemplo de régua utilizada pela empresa X

	Descrição	Nota 1 - NA	Nota 2 - FA	Nota 3 - AP	Nota 4 - APL	Nota 5 -SE
Paixão por resultados	Ser responsável e apaixonado por resultados para atingir metas de curto e médio prazo, convergindo esforços de toda a organização.	Não se envolve no desafio de atingir resultados.	Aguarda definições de como atingir resultados.	Atinge os resultados de forma mecânica, sem preocupação com as demais áreas.	Ser responsável e apaixonado por resultados para **atingir metas de curto e médio prazo,** convergindo esforços de toda a organização.	Antecipa prazos e **atinge metas acima das expectativas,** inclusive as demais áreas.

Para um líder heterônomo, a régua tem uma regra clara e, portanto, não é possível avaliar com a nota 04 o colaborador que não atingiu suas metas. Já para um líder que possui autonomia moral, o critério, nesse caso, será revisto. Sua nota levará em conta o desempenho do colaborador mediante as circunstâncias. Isto é, se julgar que seu esforço e dedicação foram inquestionáveis, e que o resultado obtido envolveu fatores que fogem do seu alcance, o líder aut**ô**nomo fará um *equacionamento moral* que permitirá quebrar a regra para ser justo com o liderado.

Do mesmo modo, um colaborador que exerce sua autonomia para resolver problemas e obter resultados no dia a dia, também usará dessa mesma autonomia para questionar uma avaliação que não lhe faça sentido. E é nesse sentido que as organizações precisam compreender, como já dito, que não existe "meia autonomia" – o que exigirá um grau de maturidade demasiadamente diferenciado, tanto por parte do colaborador, como por parte da organização e seus líderes.

O professor La Taille comenta que as regras de conduta jamais possuem uma precisão matemática e, por isso mesmo, são sempre limitadas. Para que se possa realmente compreendê-las é preciso, como já dito, ir além de sua formulação literal e penetrar no seu "espírito". Ele cria a seguinte metáfora para ilustrar sua ideia: as regras correspondem a "mapas", e os princípios (que inspiram as regras) correspondem à "bússola", que ajuda a desenhar os mapas. Em suma, os princípios representam as matrizes morais (de onde são derivadas as regras); já as regras, servem para indicar as condutas que devem ser tomadas.

Em toda organização, as pessoas precisam conhecer e se apropriar, de fato, dos valores da empresa. Pois esses valores contemplam os *princípios* que norteiam as regras que regem seu cotidiano. **E, quando surgirem situações adversas, é preciso "equacionar" tais regras, fazendo prevalecer os valores da empresa, assim como os valores universais.** Só assim é possível tomar decisões sensatas e justas, melhorando a qualidade da convivência humana e também dos serviços prestados – **o que inclui, portanto, não só as relações colaborador/ colaborador, mas também as relações colaborador/cliente.**

Ou seja, pessoas que souberem equacionar certamente favorecerão também uma melhoria no atendimento ao público, o que garante a satisfação e até mesmo a fidelidade do cliente que se sente respeitado nos seus direitos de consumidor, e não um "refém" das normas estabelecidas pela empresa. As relações, de toda a natureza, só estreitam os seus vínculos quando baseadas em valores.

Já em relação ao líder, o equacionamento permitirá não só administrar os conflitos diários com sabedoria, como também adotar padrões de conduta que, em vez de gerar medo e obediência, serão capazes de inspirar pessoas. Ao agir dessa forma, o líder demonstrará a maturidade necessária para, inclusive, transgredir ou criar novas regras em prol da ética e do bem-estar da organização, no seu sentido mais abrangente. Tal conduta, não só garante respeito à dignidade humana, como também preserva a imagem da própria empresa e impulsiona as mudanças necessárias para acompanhar o cenário mercadológico. Contudo, **somente quem possui um lapidado senso de justiça será capaz de criar ou quebrar regras de forma construtiva e eficaz.**

O equacionamento moral na tomada de decisão designa, portanto, um potencial sofisticado, conquistado com esforço, mas que quando atingido promove as transformações necessárias. O líder autônomo é aquele que, acima de tudo, inspira valores e estabelece novos paradigmas à organização, preparando-a para atuar em cenários cada vez mais complexos e exigentes.

Escala de valores

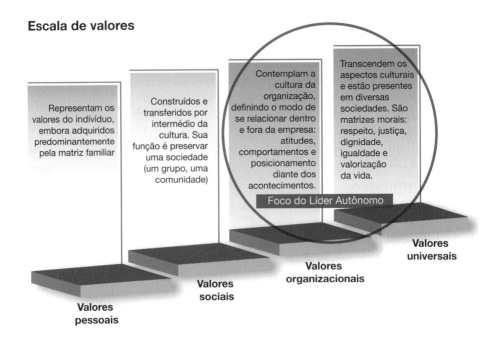

ESTÁGIOS DA AUTONOMIA MORAL NA LIDERANÇA

Partindo do referencial kohlberguiano, proponho uma hierarquização dos níveis de autonomia moral no exercício da Liderança. Trata-se de um paralelo entre os variados perfis de líderes que tenho observado nas organizações, e suas respectivas motivações. Isto é, como as condutas praticadas por esses líderes expressam seu estágio de maturidade no âmbito da autonomia. E isso inclui: o tipo de liderança que esse profissional exerce, quais os principais comportamentos que valoriza no colaborador e na sua equipe, assim como alguns dos possíveis riscos envolvidos em sua atuação.

AUTONOMIA MORAL

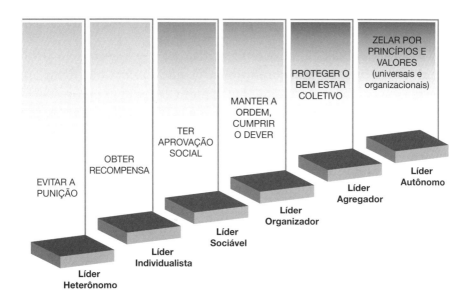

Estágio 1 – o Líder Heterônomo

No exercício da liderança, quem se encontra no primeiro estágio de motivação é o líder heterônomo, que tende a propagar a heteronomia aos seus subordinados. Para tanto, ele assume um papel **autoritário e centralizador**. Ele exerce o poder para dar **ordens, punir e gerar medo**. Isso porque, ao mesmo tempo, esse líder é também extremamente **temeroso e subserviente às figuras de autoridade** que estão acima dele. No ambiente corporativo, corresponde predominantemente ao perfil dos que recebem pressão "de cima" e, com intensidade até maior, repassam essa pressão aos que estão abaixo na hierarquia. O líder heterônomo é também um indivíduo que possui um **senso moral infantilizado** e, portanto, é extremamente literal na aplicação das regras (tal como o porteiro Zé). Isto é, sua rigidez o impede de realizar um *equacionamento moral* para adequá-las às circunstâncias.

Na relação com o liderado, **valoriza a submissão**, cercando-se de pessoas que têm uma característica servil. A tendência desse líder é podar as manifestações de iniciativa, de autonomia e os "questionamentos" em geral. Tal atitude oferece riscos ao desenvolvimento do negócio, sobretudo quando o autoritarismo e a insegurança desse líder impedem que sejam valorizados os que atingem resultados satisfatórios ou até surpreendentes à organização, mas não possuem uma atitude submissa.

Estágio 2 – o Líder Individualista

O líder individualista tem como motivação a sua **ascensão profissional, obter lucro e/ou recompensa**. O que, *a priori*, não é um "mal" em si mesmo, uma vez que o objetivo comum de todas as empresas também é fazer bons negócios e expandir seu capital. Os equívocos acontecem, no entanto, quando o líder, estagnado nesse estágio, deixa de abarcar outras dimensões complementares ao exercício da liderança. O líder individualista é, portanto, aquele deseja **"levar vantagem"** em suas negociações, a qualquer preço. Sendo assim, é extremamente focado nos seus objetivos pessoais e com **pouquíssima visão sistêmica** (visão do negócio como um todo). E por essa razão, tende a sabotar e/ou não colaborar com projetos que sejam positivos para a empresa de modo global, caso julgue que não favoreçam diretamente a sua área, ou não colaboram para o seu destaque profissional.

Na relação com o liderado, valoriza os que também são individualistas e ambiciosos, cercando-se de pessoas que se comportam como aliados, dispostos a **trocar favores, barganhar, e a realizar qualquer tipo de tarefa**, no intuito de também receber a sua recompensa. Em algum momento, é um líder que poderá envolver a empresa em situações embaraçosas, que questionam sua ética, seu respeito ao consumidor ou ao meio ambiente.

Estágio 3 – o Líder Sociável

Quando predomina a motivação de **"querer agradar"** ou de **"ser querido"** pelo grupo, surge o líder sociável (estágio de orientação intermediário entre a heteronomia e a autonomia). O líder sociável é geralmente um líder **carismático ou paizão**. Na tentativa de ser aprovado socialmente, ele adota um comportamento simpático e acolhedor.

Na relação com o liderado, tende a cercar-se de **pessoas bajuladoras**, que satisfazem as suas necessidades emocionais (carência) ou narcísicas (vaidade). O risco aqui, no entanto, não está necessariamente na tentativa de "querer agradar", mas no comportamento de promover a bajulação, e não o mérito. Isto é, esse líder (que deseja cercar-se de pessoas que lhe fazem elogios, lhe dão carinho, atenção...) falha em relação ao seu senso de justiça, ainda que esta não seja a sua intenção. E isso ocorre quando ele deixa de promover quem, de fato, obteve destaque e

AUTONOMIA MORAL

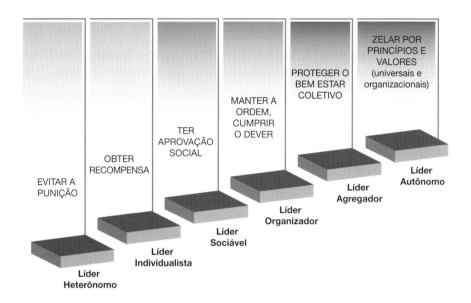

Estágio 1 – o Líder Heterônomo

No exercício da liderança, quem se encontra no primeiro estágio de motivação é o líder heterônomo, que tende a propagar a heteronomia aos seus subordinados. Para tanto, ele assume um papel **autoritário e centralizador**. Ele exerce o poder para dar **ordens, punir e gerar medo**. Isso porque, ao mesmo tempo, esse líder é também extremamente **temeroso e subserviente às figuras de autoridade** que estão acima dele. No ambiente corporativo, corresponde predominantemente ao perfil dos que recebem pressão "de cima" e, com intensidade até maior, repassam essa pressão aos que estão abaixo na hierarquia. O líder heterônomo é também um indivíduo que possui um **senso moral infantilizado** e, portanto, é extremamente literal na aplicação das regras (tal como o porteiro Zé). Isto é, sua rigidez o impede de realizar um *equacionamento moral* para adequá-las às circunstâncias.

Na relação com o liderado, **valoriza a submissão**, cercando-se de pessoas que têm uma característica servil. A tendência desse líder é podar as manifestações de iniciativa, de autonomia e os "questionamentos" em geral. Tal atitude oferece riscos ao desenvolvimento do negócio, sobretudo quando o autoritarismo e a insegurança desse líder impedem que sejam valorizados os que atingem resultados satisfatórios ou até surpreendentes à organização, mas não possuem uma atitude submissa.

Estágio 2 – o Líder Individualista

O líder individualista tem como motivação a sua **ascensão profissional, obter lucro e/ou recompensa**. O que, *a priori*, não é um "mal" em si mesmo, uma vez que o objetivo comum de todas as empresas também é fazer bons negócios e expandir seu capital. Os equívocos acontecem, no entanto, quando o líder, estagnado nesse estágio, deixa de abarcar outras dimensões complementares ao exercício da liderança. O líder individualista é, portanto, aquele deseja "**levar vantagem**" em suas negociações, a qualquer preço. Sendo assim, é extremamente focado nos seus objetivos pessoais e com **pouquíssima visão sistêmica** (visão do negócio como um todo). E por essa razão, tende a sabotar e/ou não colaborar com projetos que sejam positivos para a empresa de modo global, caso julgue que não favoreçam diretamente a sua área, ou não colaboram para o seu destaque profissional.

Na relação com o liderado, valoriza os que também são individualistas e ambiciosos, cercando-se de pessoas que se comportam como aliados, dispostos a **trocar favores, barganhar, e a realizar qualquer tipo de tarefa**, no intuito de também receber a sua recompensa. Em algum momento, é um líder que poderá envolver a empresa em situações embaraçosas, que questionam sua ética, seu respeito ao consumidor ou ao meio ambiente.

Estágio 3 – o Líder Sociável

Quando predomina a motivação de "**querer agradar**" ou de "**ser querido**" pelo grupo, surge o líder sociável (estágio de orientação intermediário entre a heteronomia e a autonomia). O líder sociável é geralmente um líder **carismático ou paizão**. Na tentativa de ser aprovado socialmente, ele adota um comportamento simpático e acolhedor.

Na relação com o liderado, tende a cercar-se de **pessoas bajuladoras**, que satisfazem as suas necessidades emocionais (carência) ou narcísicas (vaidade). O risco aqui, no entanto, não está necessariamente na tentativa de "querer agradar", mas no comportamento de promover a bajulação, e não o mérito. Isto é, esse líder (que deseja cercar-se de pessoas que lhe fazem elogios, lhe dão carinho, atenção...) falha em relação ao seu senso de justiça, ainda que esta não seja a sua intenção. E isso ocorre quando ele deixa de promover quem, de fato, obteve destaque e contribuiu para o crescimento da organização. É também o tipo de líder que, por temer a rejeição, costumar esquivar-se diante da necessidade de tomar uma atitude que possa desagradar ao grupo (ainda que justa) ou quando for preciso uma ação enérgica mediante uma falta grave de seu liderado. Ou seja, na maioria das vezes, ele fica **"em cima do muro"**, porque teme perder a sua popularidade.

Estágio 4 – o Líder Organizador

Já o líder organizador (estágio de orientação intermediário entre a heteronomia e a autonomia) tem uma postura bem mais rígida que a do líder anteriormente citado. Isso porque sua motivação é **manter a ordem e garantir o cumprimento do dever.** Seu objetivo é **"arrumar a casa",** pois entende que é somente dessa forma que "as coisas funcionam".

Na relação com o liderado, valoriza a **disciplina**, a **organização** e, principalmente, a **pontualidade**. Assim, sua tendência é premiar exclusivamente esses comportamentos, esquecendo-se de olhar para a qualidade da tarefa e da entrega final – o que reflete em uma espécie de "cegueira" quanto às necessidades efetivas do negócio. Esse líder também corre o risco de tornar-se excessivamente **controlador**, sufocando as manifestações de autonomia e, de um modo geral, assumindo uma postura muito mais de vigilância do que focada em resultados efetivos e no desenvolvimento de pessoas.

Estágio 5 – o Líder Agregador

Aqui começa o exercício de uma motivação mais autônoma na prática da liderança. O líder agregador zela, primordialmente, pelo **bem-estar coletivo**. Em sua atuação, preocupa-se sempre em melhorar o clima organizacional, pois entende que esse aspecto é fundamental para o desenvolvimento humano e para a produtividade do negócio.

Na relação com o liderado, valoriza **pessoas relacionais** e que possuam **espírito de equipe**. É o líder que promove e estimula as *relações de cooperação* – o que gera resultados e, ao mesmo tempo, constrói um ambiente de trabalho saudável. Tal postura dificilmente trará riscos ao negócio, mas é necessário aprimorar constantemente o bom senso,

Autonomia 360°

para que possa equilibrar o desejo dos colaboradores com os objetivos da organização.

O líder agregador propõe mudanças, e (re)avalia constantemente as regras que regem o cotidiano, mas só modifica o sistema ou implanta novas diretrizes quando houver uma aprovação oficializada. Isso porque seu objetivo é garantir a organização social, assegurando, prioritariamente, **direitos e deveres iguais a todos os indivíduos.**

Estágio 6 – o Líder Autônomo

O líder autônomo (que é também um líder educador, como será visto adiante) é aquele que possui características peculiares desse estágio de motivação, mas também contempla a síntese dos níveis anteriores. É o líder que tem como foco **desenvolver pessoas e zelar pelos princípios éticos, assim como pelos valores da organização.** É, portanto, capaz de quebrar regras quando julgar que estão ameaçando esses princípios dos quais ele é um guardião. Para tanto, esse líder utiliza de sua autonomia ao realizar o *equacionamento moral* – sempre no intuito de garantir **justiça e respeito mútuo**, acima de qualquer coisa.

O líder autônomo assume o seu autodesenvolvimento e, coerentemente, estimula que seus liderados também assumam a responsabilidade pelo seu crescimento pessoal. Em sua atuação, procura desenvolver e fortalecer a autonomia de seus colaboradores, pois entende que este será o diferencial da organização.

Sua postura, diferentemente do paizão protetor, do autoritário que gera medo, ou do controlador que vigia e sufoca, é a de um líder que estimula a **autodisciplina**, permitindo que as pessoas se organizem do seu modo. **Ele apenas alinha objetivos, prazos, dimensiona desafios e estabelece um padrão de qualidade para a entrega final.**

Na relação com o liderado, valoriza pessoas que também são autônomas e demonstram **bom senso, iniciativa, criatividade, flexibilidade, eficácia e integridade moral.** É o líder que premia o mérito e isso inclui, na sua concepção, obter resultados sim, mas respeitando em qualquer hipótese, a dignidade humana.

LÍDER	MODELO DE ATUAÇÃO	QUEM ELE VALORIZA
HETERÔNOMO (estágio 1)	É centralizador e autoritário. Aplica punições, gera medo e é inflexível e literal na aplicação das regras	Pessoas submissas, com característica servil
INDIVIDUALISTA (estágio 2)	Seu foco é a ascensão profissional	Pessoas que também são ambiciosas e estão dispostas a trocar favores de qualquer ordem.
SOCIÁVEL (estágio 3)	Procura agradar, ser querido pelo grupo	Pessoas bajuladoras que satisfaçam suas "carências"
ORGANIZADOR (estágio 4)	Seu objetivo é estabelecer uma rotina de disciplina e "por ordem na casa"	Pessoas organizadas e extremamente pontuais
AGREGADOR (estágio 5)	Sua prioridade é a cooperação grupal e a garantia de direitos iguais a todos os indivíduos	Pessoas relacionais e com espírito de equipe
AUTÔNOMO (estágio 6)	Seu ideal é desenvolver a si mesmo e, ao mesmo tempo, os seus colaboradores, fortalecendo a autonomia e zelando pelos valores da organização	Pessoas com iniciativa, bom senso, tomada de decisão, flexibilidade, autodisciplina e ética

Vale ressaltar que ser um líder autônomo não significa, como já dito, excluir os estágios anteriores, e sim, (re)significar cada uma desses estágios, dando-lhes uma nova roupagem. Assim, cada patamar alcançado inclui o aprimoramento da etapa anterior, em um nível de maior complexidade e sofisticação do ponto de vista moral e intelectual. E essa revisão acontece da seguinte forma:

- Autoridade sem autoritarismo (imposição e prepotência);

- Ambição sem a perversão do sistema e dos valores;

- Carisma sem manipulação;

- Organização sem um controle demasiadamente rígido;

- Valorização do bem estar coletivo, mas não somente como um fim em si mesmo e/ou acima da ética.

Em suma, o Líder Autônomo é a síntese lapidada de todas as outras formas de liderança, com foco na ética e no desenvolvimento das pessoas e da organização. E embora alguns indivíduos apresentem características que se concentram de forma contundente dentro de um perfil específico, todos os que exercem o papel de líder podem se identificar com mais de um estágio. Essas oscilações são absolutamente possíveis, assim como é possível um avanço para qualquer indivíduo que deseja expandir seu papel. É onde entra a autonomia do líder que se responsabiliza pelo seu autodesenvolvimento. Enfim, o líder autônomo reúne um conjunto de características fundamentais ao escopo do negócio, sendo elas:

- Autoridade pautada no respeito mútuo, no exemplo, na transparência, no conhecimento que esclarece e na coerência das ações com o discurso;

- Ambição por resultados e pela superação constante, o que implica na necessidade de se construir alianças estratégicas;

- Carisma por inspirar valores e motivar os indivíduos pelo reconhecimento genuíno de suas fortalezas;

- Organização e disciplina atreladas ao bom senso e às necessidades do negócio. A autodisciplina é valorizada, sob a ótica do cumprimento e da entrega das tarefas, e da resolução de problemas;

- Espírito de cooperação e valorização do bem-estar comum, no intuito de garantir direitos e deveres iguais, à luz do desenvolvimento das pessoas e da organização.

- Autonomia que valoriza o pensamento crítico, a iniciativa, a tomada de decisão, a criatividade e a responsabilidade por atingir resultados, com ética e dignidade.

AUTONOMIA MORAL NO CAMPO DA VONTADE

Em 2006 realizei uma pesquisa com amostragem de 180 universitários, utilizando como referência a escala kohlberguiana. Por meio de um questionário com perguntas fechadas, que contemplavam o dilema de Heinz, procurei levantar hipóteses para a seguinte pergunta: Estudantes universitários são capazes de identificar níveis pós-convencionais de orientação moral?

Quanto aos dados obtidos, 70% das respostas assinaladas correspodiam aos níveis pós-convencionais. E não houve alternância significativa entre as seguintes categorias: idade, sexo, religião e curso (Administração, Engenharia, Fisioterapia e Pedagogia). A alternativa que representava o estágio 6, no qual a orientação moral é direcionada pelos *princípios éticos universais de consciência* – foi escolhida por 53% dos universitários. A segunda alternativa mais escolhida, com 17% das opções, foi a que também representava um nível de raciocínio pós-convencional. É o estágio 5, no qual a orientação moral é direcionada para *o bem estar coletivo.*

Diante dos dados obtidos, levanto algumas reflexões à luz da teoria que norteou o estudo. De acordo com Kohlberg (como já dito), apenas entre 3% e 5% das pessoas podem ser classificadas como representantes do estágio 6 de orientaçaõ moral – o que aparentemente se confrontaria com os resultados dessa experiência. Contudo, vale dizer que a pesquisa realizada não possui elementos capazes de classificar o estágio de conduta moral no qual os universitários se encontram.

Há que se notar, porém, que a escolha por alternativas que designavam padrões morais mais elevados foi claramente a opção mais frenquente entre os estudantes. O que não significa, por outro lado, que esses estudantes efetivamente se comportam de acordo com esses padrões. O próprio Kohlberg afirmou que a compreensão de julgamentos morais avançados é condição necessária, mas não suficiente para que o sujeito se comporte nos mais altos padrões de conduta.

Segundo La Taille, se há um campo da atividade humana no qual as dimensões cognitiva e afetiva comparecem com igual importância, esse campo é o da ação moral. O psicólogo explica: toda ação remete a um "fazer", e a dimensão cognitiva ou intelectual corresponde ao "saber fazer". Mas há também uma dimensão afetiva que corresponde ao "querer fazer". No que diz respeito aos estudantes, pode-se afirmar que a dimensão do "saber fazer", para a maioria, está melhor equacionada.

Indo mais além, é notável, contudo, que alguns indivíduos (cuja dimensão "saber fazer" foi bem sucedida) sejam capazes de adotar uma conduta aparentemente "moral", para atender objetivos que não são exatamente dessa ordem. Ou seja, o "querer fazer" desse mesmo indivíduo tinha outras intenções. Na política, por exemplo, é comum encontrarmos esse tipo de comportamento – uma espécie de "verniz moral" – no qual o discurso (e as promessas) contemplam princípios éticos, embora a intenção seja motivada por ganhos distintos.

Já na literatura, o clássico *O Príncipe* é uma forma de ilustrar esse exemplo. Nessa obra, Maquiavel aponta caminhos para que o príncipe possa exercer seu domínio por meio de uma opressão disfarçada:

> *...Quem contra a vontade do povo se torna príncipe com o favor dos grandes, deve, antes de mais nada, procurar ganhar a estima do povo, o que é fácil quando se decide ser protetor de seus interesses. E porque homens quando recebem o bem de quem se esperava o mal, ficam ainda mais gratos ao seu benfeitor (...). (MAQUIAVEL, 2001 p. 77)*

Note neste trecho que a conduta indicada é a de praticar o bem. Mas a intenção por trás dessa ação "benevolente" não é motivada exatamente por esse propósito, e sim por uma bem-sucedida manutenção do poder.

Conclui-se assim, que embora o discernimento moral dependa de recursos cognitivos elaborados, uma vez atendidos esses pré-requisitos, isso não significa que a ação tomada será de cunho moral. **Pois a conduta moral autêntica só ocorre quando associada também ao campo da vontade.**

Assim, quando um líder se propõe a aprimorar-se na capacidade de realizar um *equacionamento moral* para tomar decisões valorativas, é preciso lembrar que o ***saber fazer*** é condição fundamental e, embora necessite ser lapidado paulatinamente, é o ***querer fazer*** que legitimará a sua opção. Isto é, o líder autônomo – que deseja galgar patamares genuinamente morais – precisa ***saber ser justo*** e ***querer ser justo***. Ele precisa verdadeiramente gostar e ter vontade de estabelecer relações baseadas no respeito mútuo. Como diz La Taille, "se para agir moralmente é preciso que a inteligência esteja convencida, também é preciso que o coração esteja sensibilizado."

O "MAL-ESTAR" NA ORGANIZAÇÃO

Uma das principais obras de Freud, debatida não só por psicólogos e psiquiatras, mas também entre sociólogos, filósofos e estudiosos em geral, é *O Mal-estar na Civilização*. Nesse texto, o pai da psicanálise expõe, entre outras coisas, suas ideias sobre a "penosa" relação do homem com o trabalho.

Freud reflete sobre as dificuldades da vida humana, sobre o quanto na maioria das vezes ela é árdua impondo sofrimentos, decepções e, diante de tal contexto, o quanto o homem se esforça para obter felicidade. Ele ainda acrescenta que o processo civilizatório impôs ao homem o sacrifício (e a repressão) de uma imensa parcela dos seus instintos. O casamento, por exemplo, aliado à sua condição de fidelidade (criada a partir do processo civilizatório), determina limites ao comportamento sexual.

Por fim, no seu enfoque (um tanto pessimista), Freud também afirma que o trabalho não é prezado pela maioria das pessoas como um caminho para a felicidade. E que de modo geral, os indivíduos só trabalham sob pressão e jamais se esforçam como fariam em relação a outras possibilidades de satisfação.

Segundo sua explicação, isso ocorre porque são poucos os indivíduos capazes de "sublimar", isto é, de realizar uma atividade de cunho não sexual, com intenso prazer ou paixão. Por exemplo: quando um artista cria uma obra, um músico compõe uma canção, um cientista faz uma grande descoberta. Eis, portanto, *O Mal-estar na Civilização*, uma vez que o "sacrifício dos instintos" não pôde ser substituído, por uma grande maioria dos homens, por outras formas de prazer e de satisfação que poderiam ser alcançadas na realização profissional.

Se Freud tinha ou não razão em suas afirmações, já foi tema de longos debates. Há os que concordam com sua tese. Há também os que discordam totalmente. Entretanto, será este um dos motivos pelo qual as empresas investem tanto em programas de motivação? Seria o reflexo (ou diagnóstico) de uma necessidade identificada de criar mecanismos para que o homem estabeleça algum tipo de vínculo de satisfação com o trabalho?

Um fato é incontestável, a adoção de programas motivacionais é uma prática corriqueira e até mesmo relevante nas organizações. O problema, porém, é que esses programas, de uma forma ou de outra, trazem resultados positivos – mas passageiros, fugazes. Ou seja, ainda é um grande desafio conseguir manter níveis elevados de motivação a médio e longo prazos.

Um dos motivos para que isso aconteça é o modo como alguns líderes exercem seu o papel. Muitas vezes legitimados até pela própria empresa, tais líderes desencadeiam, independentemente das razões defendidas por Freud, uma imensa fonte de desconforto e insatisfação na relação do sujeito com o trabalho. E nesse caso, não existe programa algum que reverterá essa desmotivação gerada por uma liderança inadequada.

Não há como esperar que um colaborador se proponha a "vestir a camisa" da empresa quando, por exemplo, sua avaliação de desempenho foi injusta. É contraditório esperar que ele "trabalhe em equipe" quando um de seus pares foi beneficiado por uma promoção sem nenhum mérito.

Outra situação também comum são as discrepâncias salariais. Existem empresas cuja política salarial é tão caótica e desorganizada que as pessoas recém-admitidas entram ganhando mais do que os colaboradores experientes que irão ensiná-las em sua nova função. Em todos esses casos, não existe "milagre" que fará com que esses colaboradores trabalhem motivados, pois se sentem agredidos com tais situações que, de fato, são absurdas. E as empresas, em todos esses casos, estão jogando dinheiro fora ao contratar palestras e programas de motivação.

O *"mal-estar na organização"* acontece, portanto, de inúmeras formas. Segundo levantamento feito pelo Tribunal Superior do Trabalho, houve 66% de aumento do número de ações de assédio moral de 2008 para 2009. E em 2010 o número cresceu ainda mais. Em depoimento, pessoas que sofreram esse tipo de violência, relatam que mesmo afastadas do emprego, revivem as sensações de humilhação ao recordarem a rotina de trabalho. E isso faz com que seja possível encontrar indivíduos que prefiram ganhar menos, mas trabalhar sob circunstâncias honrosas.

De modo geral, o que caracteriza o assédio moral é a **exposição de profissionais a situações humilhantes e constrangedoras de forma repetitiva e prolongada durante o expediente**. Entre as ações mais comuns, destacam-se:

AUTONOMIA MORAL

- Chamar de incompetente;

- Sobrecarregar ou negar informações necessárias ao trabalho;

- Desmoralizar publicamente, afirmando que tudo o que faz está errado ou que seu trabalho é desnecessário à empresa;

- Ignorar a presença do profissional;

- Desviar da função ou retirar material necessário à tarefa, impedindo a realização do trabalho;

- Impor horários fora da jornada ou ser trocado de turno sem ter sido avisado;

- Pedir a execução de tarefas acima ou abaixo do conhecimento do profissional;

- Não promover, ou premiar um colega com menos experiência, como forma de desqualificar o trabalho realizado;

- Divulgar boatos sobre sua moral ou rumores entre os colegas de que o profissional está com problemas psicológicos;

- Expor o funcionário aos colegas;

- Rir à distância, hostilizar, conversar baixo para que ele não escute e executar gestos direcionando-os ao profissional.

Enfim, quando um funcionário é submetido a essas situações, rompe-se o vínculo que ele estabelece (ou deveria estabelecer) não só com a liderança, mas com toda a organização. Portanto, se as empresas reavaliassem de início a postura de seus líderes e suas práticas de gestão, **já reduziriam grande parte do problema da desmotivação** (ainda que Freud esteja certo). E não só, teriam um diagnóstico mais legítimo quanto ao comprometimento de seus membros, visto que tal comportamento é aniquilado sob circunstâncias de injustiça e/ou desrespeito.

Pesquisas recentes também apontam um dado curiosamente paradoxal: embora grande parte das pessoas se comporte de modo moralmente infantilizado, ao mesmo tempo, essas mesmas pessoas são capazes de identificar padrões elevados de conduta. Ou seja, por mais heterônomo que seja um colaborador, ele notará quando as decisões de seu líder são consistentes do ponto de vista moral.

Quando em determinada decisão de um líder, por exemplo, as pessoas não são atendidas como gostariam em suas expectativas individuais, mas reconhecem que a solução dada à situação beneficiou a todos de forma equivalente, a tendência observada é que essas pessoas aceitem o fato e consigam lidar com a frustração. Isso porque confortam-se ao reconhecer que os procedimentos adotados foram imparciais, foram corretos e justos.

Enfim, o **respeito mútuo** deve ser preservado e legitimado a todo instante no ambiente corporativo, sendo considerado um dos mais importantes de seus valores e, ao mesmo tempo, **um caminho inquestionável para vincular o indivíduo com o ambiente de trabalho.** Liderar, entre outras coisas, é inspirar confiança por meio da ética e do bom senso. Para tanto, não basta ter carisma, poder ou conhecimento técnico. Para liderar e motivar pessoas que raciocinam com autonomia é preciso ter um lapidado senso de justiça. É preciso zelar por valores e consolidá-los nas decisões tomadas, promovendo um significativo "bem-estar na organização".

Concluindo: muito antes de contratar programas motivacionais, é necessário primeiramente investir no aprimoramento de lideranças éticas, preparadas para o *equacionamento moral* dos conflitos desencadeados nas relações organizacionais. Desse modo é possível não só reduzir o "mal-estar" que desmotiva o colaborador, como também conquistar resultados mais duradouros.

Um líder Autônomo contribui para que o indivíduo estabeleça um vínculo consistente e perene com sua atividade profissional. E ele consegue isso também por **aceitar ideias, envolver a participação de todos nas decisões, estimular a iniciativa e, sobretudo, por permitir que as pessoas atuem e se organizem do seu modo (isto é, com autonomia) – o que possibilita criar, "sublimar", descobrindo o prazer intelectual de poder exercitar potenciais genuínos, mediante tarefas desafiadoras. Eis um caminho sustentável e legítimo para gerar motivação.**

CAPÍTULO 2
AUTONOMIA INTELECTUAL

Todo mundo tem um potencial que não está em uso. Muitas pessoas são mais capazes, mais inteligentes, mais fortes e mais hábeis do que acreditam ser. Grande parte da fraqueza, estupidez e loucura do mundo não são reais.

John O. Stevens

POR QUE DISCUTIR A AUTONOMIA INTELECTUAL NO CONTEXTO DA LIDERANÇA?

A autonomia moral foi discutida sob diversos aspectos no capítulo anterior. Resta abordar a autonomia intelectual que, a princípio, pode ser definida como a capacidade de questionar "verdades" supostamente hegemônicas. O cientista, por exemplo, quando apresenta uma nova teoria é porque duvidou da veracidade da teoria vigente. Um ótimo exemplo de autonomia intelectual é Nicolau Copérnico. Contrariando o pensamento predominante em sua época, Copérnico provou que o sol estava no centro do sistema solar, e não a Terra, como antes se acreditava.

Em sua etimologia, *intelecto* vem de *intelecção*, do latim *intellectus,* que significa: ato de entender, inteligir, compreender – a mesma raiz da palavra inteligência. Determinar, porém, o que é *inteligência* nos dias atuais tornou-se algo muito mais complexo, visto que o termo vem passando por sucessivas reformulações. Pelo mesmo motivo, para abordar a *autonomia intelectual* é necessário levar em conta esse cenário de reformulações pelo qual o conceito de inteligência tem sido submetido.

Em síntese, foi a partir do final do século XIX (como será visto adiante), que surgiu a hipótese da hereditariedade para explicar a origem da inteligência. Essa linha de pensamento caminhou no sentido da mensuração do intelecto (os tradicionais testes de QI), cuja ênfase recai no domínio lógico-matemático. Entretanto, no final do século XX, uma nova corrente teórica se formou a partir das reflexões do psicólogo norte-americano Howard Gardner. Sua Teoria das Inteligências Múltiplas mudou o rumo dessa discussão, ao ampliar e nomear um conjunto muito maior de potencialidades humanas, que mereceram o "status" de serem reconhecidas como *inteligências*.

Para compreender melhor essa evolução conceitual, neste capítulo será relatada a notável reformulação pela qual passaram os principais padrões de inteligência que dominaram a cena científica desde o final do século XIX, expondo um debate que promoveu uma "reviravolta" no assunto. Isso porque, uma discussão desencadeada por ideais leviana-mente preconceituosos (que acreditavam na existência de uma "raça superior"), ao percorrer pouco mais de um século, culmina em estreitar os laços entre a inteligência e a moralidade, o que reflete não só uma significativa inversão, como também possibilita uma expansão ao que pode ser considerado como autonomia intelectual e moral.

Provavelmente influenciados pela Teoria das Inteligências Múltiplas, outros pesquisadores se propuseram também a definir novas inteligên-cias. Até que o debate atinge uma interessante maturidade, na qual desponta até mesmo uma *inteligência espiritual* referindo-se, entre ou-tras coisas, à **capacidade de fazer escolhas no campo moral, assim como atribuir um sentido maior ao trabalho.**

Essa mudança de paradigma no campo da inteligência também abriu espaço para repensar a visão cartesiana predominante na atual sociedade. O psicólogo Pierre Weill defende a ideia de que a "visão ho-lística" constitui um novo paradigma social, que nos impede de separar a inteligência da vida, das emoções e do corpo. Assim, com o objetivo de contestar a universalidade do pensamento cartesiano, Weill propôs a orientação por um novo referencial que pudesse estabelecer padrões mais abrangentes para a sociedade nas suas mais diversas áreas. Abai-xo, a distinção que o autor propõe entre o que ele chamou de antigo e novo paradigma.

Antigo Paradigma Cartesiano	Novo Paradigma Holístico
• Princípio da dualidade: separação mente/corpo.	• Princípio da não-dualidade: o homem é visto como um todo.
• A verdade é aceita ao passar pelo crivo da lógica e da matemática.	• A verdade é subjetiva devido a um contexto de relatividade.
• Pesquisas colocadas a serviço do avanço da ciência: a busca pelo conhecimento está acima da ética.	• Introdução do conceito de bioética no qual o conhecimento está a serviço da ética (e não da ciência).

Só para lembrar, foi no final do século XVII que o filósofo, matemático e cientista francês René Descartes apresentou um conjunto de ideias que, de uma maneira ou de outra, ainda norteiam as bases do pensamento científico atual. Entre as mais conhecidas estão: o conhecido axioma "penso, logo existo" e o dualismo – que propõe a separação entre mente e corpo, sob o argumento de que só a mente provê o conhecimento mais certo.

Embora por caminho distinto, o neurologista português António Damásio também propõe um questionamento ao paradigma cartesiano. Em *O Erro de Descartes*, o autor apresenta um estudo sobre o cérebro humano, no qual procura mostrar que sentimento e emoção constituem um elo essencial entre corpo e consciência. Damásio propõe a substituição do *Penso, logo existo* (afirmado por Descartes) pelo: *Existo e sinto, logo penso*. Assim, uma pessoa que não sente, também não poderá ter o conhecimento racional e será incapaz de tomar decisões com base nessa racionalidade.

O neurologista propõe que a emoção é fundamental para a inteligência, assim como o uso da razão. Ele faz essas afirmações com base em sua pesquisa na qual investigou o nível de comprometimento em pacientes com danos no circuito pré-frontal-amígdala – região do cérebro onde se processam as emoções. Sua descoberta foi a de que o processo decisório desses pacientes se tornou muito falho, mesmo para os que possuíam elevado QI. Como consequência, essas pessoas passaram a fazer escolhas desastrosas nos negócios e na vida pessoal, pois perderam o acesso que leva ao registro do seu aprendizado emocional, e ao repertório de preferências e aversões que adquiriram ao longo da vida.

Para finalizar, Damásio conclui que existem pessoas inteligentes para resolver problemas sociais, mas que possuem dificuldades para solucionar problemas acadêmicos, e que a situação inversa é também muito frequente. Isso porque o uso da emoção é tão relevante quanto o uso da razão ao se tomar decisões e fazer escolhas.

Não se trata, porém, de minimizar ou até mesmo desprezar a contribuição de Descartes, pois seu papel foi primordial ao descrever o que ele chamou de uma "ciência admirável". Descartes buscava fornecer bases seguras para o conhecimento, orientadas pela verdade e pelas certezas racionais. Sua contribuição consistiu na criação de um método para

Autonomia 360°

distinguir a *ciência* do mero *senso comum*, o que é de grande valia. E é por esse motivo que as ideias de Descartes persistem como referência predominante no pensamento científico, cujo papel é distanciar-se de meras especulações.

Entretanto, é justamente a evolução do pensamento científico que faz com que certas "verdades" sejam revistas. E a própria definição de autonomia intelectual consiste, justamente, em questionar essas "verdades". É nesse sentido que a visão dos autores contribui para demonstrar que, quando se trata de classificar o potencial humano, assim como conceituar uma autonomia intelectual, o paradigma cartesiano precisa ser reavaliado.

Ampliar o conceito de inteligência não significa discursar demagogicamente defendendo a ideia de que todas as pessoas são igualmente inteligentes. As diferenças de fato existem e os potenciais não são democraticamente distribuídos. Contudo, uma quebra de estereótipos que refletem um modo viciado de olhar para a inteligência se faz necessária para expandir a autonomia nesse campo.

Outro fato significativo, é que esse paradigma holístico também atinge o mundo do trabalho e, consequentemente, o papel do líder. Assim, desenvolver um número maior de "inteligências" não só amplia possibilidades de atuação e de expressão no mundo, como também confere mais eficácia ao exercício da liderança.

Isso porque o conceito de **liderança** é definido como a **capacidade de influenciar e conduzir pessoas em direção a um objetivo comum. Pois as novas inteligências (emocional, espiritual, de resultados...) não só aumentam a capacidade de influência do líder, como também aprimoram significativamente a qualidade dessa influência.**

A escolha por desenvolver novas inteligências dependerá das diretrizes adotadas pela educação corporativa, assim como aplicá-las no papel do líder dependerá também de sua autonomia. E é essa autonomia que fará com que o indivíduo busque expandir o seu potencial intelectual, desprendendo-se de modelos já revistos e assumindo, efetivamente, o controle do seu autodesenvolvimento.

Este capítulo, portanto, tem dois objetivos: o primeiro é percorrer as mudanças que ocorreram no debate sobre o potencial humano expondo novos horizontes para a inteligência. Já o segundo é mostrar que, diante da amplitude que atingiu o tema, **a conquista da *autonomia intelectual* tampouco se desvela apenas na capacidade de questionar "verdades" pré-concebidas, mas também na escolha consciente por desenvolver um rol mais amplo de inteligências que possibilitam um aprimoramento pessoal e profissional, aumentando a capacidade de influência do indivíduo nas diversas esferas de sua vida.**

INTELIGÊNCIA E HEREDITARIEDADE: A IMPOSSIBILIDADE DA AUTONOMIA

Iniciando o passeio pelo universo das inteligências, sem desconsiderar a importância dos filósofos da antiguidade, optei por contar essa história a partir de um marco no final do século XIX: é quando o naturalista inglês Charles Darwin, em sua influente obra sobre *A Origem das Espécies,* propõe que a inteligência é uma capacidade herdada.

Darwin apresentou ao mundo um conjunto de ideias que explicam a vida biológica no planeta, conhecido como a Teoria da Evolução. Para compreender sua teoria é interessante conhecer alguns de seus preceitos básicos.

- A luta pela sobrevivência;

- A variação dentro das espécies;

- A seleção natural;

- A herança genética (surgida a partir dessas variações) que permite a adaptação ao meio ambiente.

Darwin apontou, por exemplo, que existem variações nas características de animais da mesma espécie para permitir que se adaptem às condições do meio. Ele mostrou que essas características são modificadas e transmitidas de geração em geração, o que explica a possibilidade de certos animais, aparentemente distintos, possuírem um ancestral em comum.

Nesse caminho, o naturalista posteriormente demonstrou que inclusive o homem possui um ancestral em comum com o macaco (e não exatamente que o homem evoluiu a partir do macaco). Darwin também afirmou que nessa luta travada com o ambiente, na qual ocorre a seleção natural, sobreviveram somente os que conseguiram se adaptar às condições do meio (e não o "mais forte", como também é dito equivocadamente).

O interessante até aqui é notar que as mesmas leis também dominam o mundo do trabalho (a selva de concreto). Ou seja, quem não consegue se adaptar às constantes mudanças, também corre o risco de "extinção". E isso inclui os padrões ditados pela sociedade que, felizmente, tem caminhado no sentido de cobrar das organizações uma postura ética, transparente, engajada em projetos sociais e comprometida com a preservação do ambiente.

Prosseguindo com a história da inteligência, após analisar a transmissão de características físicas, Darwin interessou-se em observar os atributos mentais no mundo animal para tentar compreender se também eram herdados. Em seguida, o evolucionista apontou que os mesmos fatores que afetam os animais também interferem no ser humano – o que inclui questões que relacionam a inteligência à hereditariedade. Foi assim, então, que sua teoria acabou por influenciar o estudo da inteligência, ao levantar a hipótese de que as aptidões mentais do ser humano seriam herdadas, do mesmo modo como ocorrem como as características físicas.

Inteligência e Eugenia

Francis Galton, primo de Darwin, realizou paralelamente seus estudos, influenciado inicialmente pelo impacto da Teoria da Evolução. Entretanto, sua pesquisa assumiu rumo distinto. Apoiando-se na hipótese de que a inteligência era herdada, ele propôs um caminho para melhorar as capacidades mentais da raça humana, mediante um rígido controle dos meios de procriação. Sua ideia era fazer uma prévia seleção dos seres humanos que poderiam, ou não, ter filhos dentro de um determinado nível de inteligência. Isto é, uma proposta de eugenia.

Galton tentou sustentar sua tese baseando-se em fatos históricos, no intuito de provar que a inteligência está relacionada somente à herança genética. Sua pesquisa consistiu em selecionar os nomes dos homens mais eminentes, em livros que abordassem a biografia de pessoas excepcionais em diversas áreas. Depois, explorou as árvores genealógicas desses homens e descobriu que muitos de seus parentes também eram homens bastante conhecidos e talentosos, o que o levou a afirmar que os parentes mais próximos dos homens eminentes tendiam a se tornar também eminentes.

Entretanto, anos mais tarde, Galton descobriu que muitos dos que eram considerados especialmente inteligentes, tinham filhos que não se destacavam nesse aspecto como os seus pais. E esses resultados frustraram sua esperança em "criar uma raça de seres humanos mais inteligentes".

Em suma, a ideia de que a inteligência era somente herdada corroborava para tirar do homem a possibilidade de intervir nesse processo. Ou seja, uma vez que a inteligência estava vinculada somente à genética, a autonomia humana em desenvolvê-la ficaria absolutamente limitada, restando ao homem apenas "aceitar o seu destino". Contudo, muito mudou nesse debate, que vem ampliando cada vez mais as possibilidades do homem expandir suas diversas inteligências, fortalecendo sua autonomia intelectual e, consequentemente, sua atuação no mundo.

INTELIGÊNCIA E A INFLUÊNCIA DO MEIO: O INÍCIO DA AUTONOMIA

Embora outros autores também tenham contrariado a hipótese da hereditariedade como determinante da inteligência, foi Piaget quem obteve um grande destaque nesse intento. Ele mostrou que a constante necessidade de adaptação do indivíduo faz com que sua capacidade evolua, para muito além do que é somente relacionado à genética.

Assim, seus esforços foram direcionados para demonstrar que a inteligência é construída, etapa por etapa, a partir da interação do indivíduo com o ambiente. Ou seja, é só a partir dessa interação que ocorrerá o amadurecimento de "estruturas mentais" que possibilitam o aprendizado – estas sim, herdadas. Eis a teoria construtivista de Piaget, que posteriormente tornou-se uma das principais referências educacionais.

Piaget começou a pesquisar o tema no laboratório de Théodore Simon, que posteriormente foi celebrizado por Alfred Binet (considerado o precursor no desenvolvimento de testes para medir a inteligência humana). Sua função era ajudar na padronização desses testes, mas Piaget preferiu dar um novo enfoque ao seu trabalho. Para ele, era muito mais importante entender *como* a criança raciocina. Ao contrário dos pesquisadores de sua época, seu estudo passou a tentar compreender as "qualidades" da inteligência, e não "quantificá-la", reduzindo-a a um determinado número.

Em linha com sua formação inicial em biologia, Piaget entendia que o conhecimento possibilita ao homem um estado de equilíbrio interno que o capacita a adaptar-se ao ambiente. Quando o ambiente provoca um "desequilíbrio", isto é, quando apresenta uma situação que o indivíduo ainda não domina, há um esforço para novamente adaptar-se e reconquistar esse estado de equilíbrio. E é partir desse esforço que se desenvolvem novas "estruturas mentais". Isso ocorre desde o nascimento, a partir das estruturas mais rudimentares do recém-nascido que, progressivamente, se transformam dando lugar a outras cada vez mais complexas. A criança adquire novos modos de funcionamento mental em função de sua tentativa incessante de entender o mundo e adaptar-se às suas novas exigências.

Sua teoria, portanto, questiona a ideia de uma inteligência dada somente pela bagagem hereditária (inatismo), ou somente por meio da experiência (empirismo). Para os inatistas, como o nome já diz, a inteligência é inata, ou seja, ela vem programada na bagagem hereditária. O indivíduo traz o "programa pronto", e que mais tarde irá amadurecer espontaneamente. Já para os empiristas, ao nascer o indivíduo é como uma "folha em branco", na qual a inteligência vai sendo "escrita" a partir somente das experiências vividas.

Concluindo: Piaget propõe uma síntese entre o inatismo e o empirismo: o *interacionismo*. E, desse modo, sua contribuição é fundamental para minimizar efetivamente o papel da hereditariedade como fator unicamente decisivo para o desenvolvimento intelectual. Piaget aponta que nesse processo é necessário um ambiente que forneça estímulos e desafios ao indivíduo, assim como é também essencial o esforço do próprio sujeito, para atender a essas demandas. **Ou seja, Piaget demonstrou que é necessário um papel efetivo do meio, atrelado a uma atuação mais autônoma, por parte do sujeito, para garantir plenamente o desenvolvimento da inteligência.**

INTELIGÊNCIA SOCIAL: A INFLUÊNCIA DA CULTURA

Entre os teóricos que defendem uma visão interacionista da inteligência, destaca-se um contemporâneo de Piaget: o pensador russo Lev Semenovich Vygotsky, conhecido como o teórico da Inteligência Social. Como já dito, para os interacionistas é indiscutível a relação sujeito-ambiente na construção da inteligência, de modo que nem o indivíduo está submetido apenas ao que é herdado, nem está sujeito passivamente às imposições do meio. Há, porém, algumas divergências marcantes entre Piaget e Vygotsky que enriquecem o debate.

De um modo geral, o trabalho de Piaget caracterizou-se pelo desafio de distinguir estágios "universais", pelos quais a inteligência vai sendo construída. Já Vygotsky, formulou uma teoria que pudesse compreender o homem, constantemente sujeito às especificidades de seu contexto cultural.

Para embasar seu raciocínio, ele adotou como referência o pensamento de Karl Marx e Friedrich Engels. Dentro dessa perspectiva, o que caracteriza a evolução do homem (enquanto espécie) e a distingui das outras, **é ter-se tornado capaz de assumir o controle da sua própria evolução**. Isso só foi possível quando **o homem apropriou-se de suas condições de sobrevivência** (produzir seu próprio alimento, por exemplo, o que nenhum outro animal é capaz de fazer), **libertando-se do determinismo imposto pela natureza**. Até então, restava ao homem somente a possibilidade de adaptar-se ao ambiente – regra geral para os seres vivos, conforme definiu Charles Darwin.

O pensamento marxista procurou também mostrar como esse marco histórico (a superação da condição de somente adaptar-se) impulsionou o surgimento do trabalho e, por conseguinte, passou a orientar as relações humanas, que começaram a se estabelecer em torno do trabalho. Cabe aqui ressaltar, em direção ao tema central desse livro, **que esse marco evolutivo caracteriza-se, sobretudo, pelo fato de o homem ter conquistado maior autonomia em relação à sua sobrevivência, e à sobrevivência de sua espécie.**

Eis a busca de Vygotsky: compreender essa essência humana que a diferenciou dos outros animais. Essa é, inclusive, a crítica que Vygotsky faz à psicologia de sua época, ao afirmar sua negligência em relação a esse "salto evolutivo".

Para explicar esse "salto evolutivo", o pensador russo afirma que o homem desenvolveu formas de pensamento muito mais complexas, que ele chamou de Funções Psicológicas Superiores. E assim, ele propõe a seguinte divisão: Funções Psicológicas Elementares, constituídas basicamente pelos reflexos e instintos (e que todos os animais possuem); Funções Psicológicas Superiores, caracterizadas pelos aspectos peculiares somente ao funcionamento da mente humana. Entre os quais estão:

- Capacidade de planejamento e abstração;

- Capacidade de poder viajar no tempo e espaço (pensar em objetos ausentes e imaginar eventos nunca vividos, por exemplo);

- Capacidade de atribuir significados aos objetos e experiências.

No que diz respeito ao debate sobre inteligência, Vygotsky observou que quando um indivíduo é submetido a uma bateria de testes, sua capacidade será julgada exclusivamente com base nos resultados obtidos. Entretanto, se esse indivíduo posteriormente resolve o problema, depois que lhe foram dadas "algumas pistas", esse também pode ser um indicador de sua capacidade mental. Com isso, ele afirma que nem mesmo os pensadores mais sagazes chegaram a questionar esse fato, já que nunca consideraram que aquilo que alguém consegue fazer com a ajuda inicial dos outros também pode ser, de alguma maneira, um indicativo de seu potencial.

Portanto, **um teste avalia somente o nível que o indivíduo se encontra (trata-se de uma avaliação retrospectiva), mas jamais determina até onde esse indivíduo poderá chegar.** Nesse contexto, algumas empresas superaram instituições educacionais que apenas avaliam o que o aluno "sabe". Pois ao realizarem o chamado *mapeamento de potencial* de seus colaboradores, essas empresas avaliam também como os indivíduos se sairão em situações futuras (isto é, fazem uma avaliação prospectiva)

Indo mais além, Vygotsky aponta estreitas relações entre *Pensamento e Linguagem*, uma de suas principais obras. Ele explica que com o surgimento do trabalho houve a invenção de ferramentas (necessárias à execução do trabalho) e, posteriormente, a invenção da linguagem. A linguagem foi criada para nomear as coisas do mundo. Nesse processo, o homem também passou a atribuir um significado para tudo que ele próprio inventou. Foi assim, então, que o homem transformou-se de um "ser natural" (como todos os outros animais), para um "ser cultural" – uma vez que o termo *cultura* engloba toda e qualquer criação humana, que possui um significado compartilhado.

Nessa linha de raciocínio, ele afirma que a linguagem é aprendida muito cedo pelo homem e, uma vez internalizada, torna-se uma "ferramenta do pensamento". Isso porque os pensamentos têm imagens, mas são constituídos principalmente por palavras, cujo significado é compartilhado por um grupo social. **A palavra, portanto, torna-se uma espécie de "filtro" pelo qual o homem compreende o mundo e se comunica com ele.**

Quando alguém pensa em um "sapo", por exemplo, obviamente não tem na mente o próprio sapo, mas um conceito que é compartilhado pelos membros de seu grupo. E a razão disso é o fato de estabelecerem uma comunicação cuja linguagem irá nomear de "sapo" um determinado animal, com determinadas características, e não outras. Se alguém narrar algum fato que envolva um "sapo", todos do grupo pensarão certamente no mesmo animal.

Assim, ele também conclui que o psiquismo humano é de origem cultural. Ou seja, a mente humana, seus conteúdos e pensamentos são, predominantemente, constituídos por significados culturais pertencentes ao universo do indivíduo.

Tomando como base tal preceito, a palavra "inteligência", assim como "liderança", "moral", e a própria palavra "autonomia" certamente também constituem conceitos cujo significado é compartilhado culturalmente, e internalizado pelo indivíduo. Uma vez que estes significados constituem a sua forma de pensar, estas são, *a priori*, as "lentes" pelas quais esse indivíduo identifica tais conceitos no mundo.

Cabe, portanto, ao indivíduo autônomo, (re)avaliar e (re)significar todos esses conceitos, atribuindo-lhes significados cada vez mais conscientes e carregados de um sentido elaborado e pessoal. Essa é também uma forma de pensar "fora da caixa" para poder pensar por si mesmo. Para tanto, é preciso trocar as "lentes" e enxergar o mundo sob novos ângulos.

E isso é possível porque, ao mesmo tempo, todos esses conceitos compartilhados também possuem "sentidos" diferentes. Utilizando o mesmo exemplo do "sapo", para um biólogo ele pode representar seu objeto de pesquisa, talvez o tema central de seus estudos, enquanto para outros, esse animal pode representar somente medo ou repulsa. O "sapo" também já foi representado como o príncipe enfeitiçado dos contos de fada. E há para quem esse animal represente um "veículo" para se praticar feitiços. Afinal, todos já ouviram a expressão: "amarrar seu nome na boca do sapo".

Do mesmo modo, os termos: "inteligência", "moral", "autonomia" e "liderança" também terão para cada indivíduo um sentido pessoal, construído a partir de experiências únicas. Fatores como sua dinâmica familiar, seu desempenho na escola e no trabalho e a maneira como esse indivíduo vivenciou seus "sucessos" e "fracassos" (e, para quem representaram, de fato, sucessos ou fracassos) influenciarão efetivamente na visão que esse indivíduo tem sobre si mesmo e sobre o que considera ter (ou não) como atributos de "inteligência", "liderança", "moralidade" e "autonomia". Porém, à medida que o indivíduo se propõe a rever suas experiências com mais criticidade, ele estará construindo para si mesmo significados mais autônomos sobre todos esses conceitos, assim como sobre todas as coisas do mundo.

Já no contexto da liderança, é papel do líder garantir que colaboradores compartilhem dos mesmos significados que compõem a cultura organizacional. E isso inclui seus valores, sua missão, seus objetivos, suas competências desejadas, assim como os comportamentos congruentes com esses referenciais. Por exemplo, quando se fala em respeito, trabalho em equipe, visão sistêmica, ou mesmo autonomia, todos esses conceitos precisam ter um significado absolutamente comum a todos os que trabalham na mesma empresa. O resultado disso é o que podemos chamar de "alinhamento". O alinhamento é o que transforma um conjunto aleatório de pessoas em grupo coeso que fortalece a cultura organizacional.

INTELIGÊNCIAS MÚLTIPLAS: A EXPANSÃO DA AUTONOMIA

Foi o psicólogo e professor de neuroanatomia Howard Gardner, que apresentou ao mundo a Teoria das Inteligências Múltiplas. Sua proposta parte de uma visão também interacionista, no intuito de expandir o conceito e ampliar significativamente o referencial vigente sobre o que pode, ou não, receber o "título" de inteligência. O impacto de sua teoria gerou uma das principais mudanças de paradigma, influenciando toda uma nova corrente de pensadores.

Ao utilizar como recurso a tomografia para observar o funcionamento mental, Gardner percebeu que após um dano cerebral, outras partes do cérebro continuam atuando com relativa autonomia e, em alguns casos, passam até a assumir a função de outras áreas. Foi aí que o psicólogo teve base para questionar a preponderante teoria do Fator G – teoria que sustenta os testes de QI, e que defende a existência de um *fator geral*, subjacente a todas as operações mentais. Esse *fator geral* seria o raciocínio lógico-matemático, medido nos tradicionais testes.

Para o autor, o campo da inteligência humana inclui um conjunto muito mais amplo de competências do que até então se considerou. E estas competências não podem ser medidas pelos métodos tradicionais. A primeira definição dada por Gardner diz que: **"Uma inteligência é a capacidade de resolver problemas ou de criar produtos que sejam valorizados dentro de um ou mais cenários culturais."** (Gardner, 2002, p. 10)

Gardner enfatiza que as inteligências são potenciais que podem ser ativados, dependendo dos seguintes fatores:

- Os valores de uma cultura específica;

- As oportunidades disponíveis nessa cultura;

- A influência dos pais, dos professores e do ambiente como um todo. (Cabe aqui, levar em conta as decisões tomadas pelo próprio indivíduo, no que diz respeito a sua autonomia em escolher as inteligências que deseja, ou não, desenvolver).

Para designar uma inteligência também são necessários alguns cuidados. Ou seja, não basta destacar um talento e imediatamente chamá-lo de inteligência "tal". É preciso passar por critérios rigorosos, que ele

Autonomia 360°

considerou capazes de designar uma inteligência[*]. E, após utilizar esses critérios, Gardner apresentou sua lista:

- **Inteligência Linguística**
- **Inteligência Musical**
- **Inteligência Lógico-matemática**
- **Inteligência Espacial**
- **Inteligência Corporal-cinestésica**
- **Inteligência Intrapessoal**
- **Inteligência Interpessoal**

---

[*] Sinais comprobatórios de uma inteligência, designados por Gardner

1) a possibilidade desta habilidade ser comprometida em caso de dano em uma única região determinada do cérebro, o que mostra a sua relativa autonomia em relação a outras faculdades humanas;

2) a identificação, tanto entre os prodígios e *idiots savants* ("idiotas sábios", termo hoje em desuso que nomeava uma espécie de autismo, hoje conhecida como síndrome de Asperger), quanto entre pessoas com retardo ou excepcionais, de determinadas habilidades nas quais eles são avançados ou atrasados, potenciais estes, correspondentes a áreas neurais específicas e a fatores genéticos;

3) a existência de uma operação central ou um conjunto de operações cerebrais identificáveis como acionadoras desta habilidade;

4) uma história "desenvolvimental" identificável, ou seja, suscetibilidade à modificação e treinamento, e a possibilidade de averiguação de níveis de discrepância entre um novato e um grau de competência elevada;

5) sinais de "plausibilidade evolutiva", ou seja, evidências de que esta inteligência pode remontar a seus antecedentes evolutivos;

6) a possibilidade desse potencial ser submetido a experimentos psicológicos (notadamente os cognitivos), para avaliar a presença de reações peculiares a alguns tipos de estímulo;

7) a possibilidade dessa capacidade humana ser relacionada a símbolos – como linguagem, matemática ou desenho – ou ao menos de "gravitar" em torno de algum deles;

8) finalmente, o autor admite que os testes psicométricos padronizados (como os de QI) podem auxiliar a comprovar um tipo específico de inteligência, embora advirta que eles frequentemente utilizam tarefas cuja execução abrange um leque maior de habilidades do que aquelas as quais seus idealizadores imaginavam estar testando.

- **Inteligência Naturalista**

- **Inteligência Existencial (que será apresentada mais adiante)**

Inteligência Linguística

É a capacidade de expressão pela linguagem oral ou escrita. Trata-se da inteligência utilizada para escrever um livro, um artigo, um fato jornalístico etc. Também é a inteligência utilizada para dar uma aula ou fazer uma palestra. Destaca-se aqui a retórica, manifestada no uso da linguagem para convencer outros indivíduos. Gardner, porém, glorifica a poesia como uma das formas mais elevadas dessa inteligência. A inteligência linguística é, portanto, a inteligência dos poetas, dos oradores, dos escritores, dos advogados, dos professores, dos comunicadores, dos publicitários e, certamente, dos grandes líderes – que se utilizam dessa capacidade para exercer sua influência sobre as pessoas.

Inteligência Musical

É definida como a capacidade de expressão por meio dos sons, podendo manifestar-se ao tocar um instrumento musical, ao cantar uma música, ou compor uma melodia. Os componentes centrais dessa inteligência são melodia e o ritmo, embora muitos especialistas deem ênfase aos aspectos afetivos da música. É a inteligência dos músicos e compositores em geral.

Inteligência Lógico-Matemática

É a capacidade de trabalhar com números e caminhar na linha do raciocínio lógico-dedutivo. A argumentação científica, em todas as áreas, constitui um bom exemplo. Porém, a capacidade que um matemático tem de manejar habilmente longas cadeias de raciocínio é para Gardner a característica mais central deste potencial. É, assim, a inteligência dos engenheiros, dos físicos, dos matemáticos, dos estatísticos, dos programadores e analistas de sistemas, entre outros.

Inteligência Espacial

A inteligência espacial parte diretamente da observação que o indivíduo faz do mundo visual e, por essa razão, possui um espectro amplo de manifestações. É a habilidade dos navegadores que se orientam por extensas paisagens e são capazes de explorar novos lugares para, posteriormente, encontrar o caminho de volta. É também a inteligência dos que desenham mapas e guias. Inclui a habilidade dos jogadores de xadrez, dos arquitetos e dos fotógrafos. É também a inteligência dos pintores ao exibirem uma capacidade apurada de recriar o mundo visual em uma tela.

Aqui surge um aspecto que desperta um questionamento à definição de Gardner. Um navegador e sua capacidade de orientação, um enxadrista que cria uma estratégia para chegar ao xeque-mate, assim como um mestre da pintura ao conceber uma obra de arte, têm suas habilidades classificadas igualmente como a mesma inteligência? Para resolver essa questão, alguns estudiosos brasileiros sugerem a criação de uma nova categoria: a **Inteligência Pictórica**. Assim, seria possível dar aos pintores e à sua arte uma diferenciação conceitual.

Inteligência Corporal-Cinestésica

É definida como a capacidade que alguns indivíduos têm de controlar os movimentos do próprio corpo ou manusear objetos. Trata-se da habilidade de usar o próprio corpo de maneiras altamente criativas, diferenciadas e hábeis, tanto para propósitos expressivos, assim como para trabalhar com objetos, inclusive os que envolvem movimentos motores finos dos dedos e das mãos. Este potencial, portanto, também abrange um universo bastante amplo de manifestações. Por exemplo, é a inteligência dos mágicos que fazem "sumir" e "aparecer" objetos diante dos olhos da plateia; dos mímicos que comunicam com gestos e com o corpo situações cotidianas, humor e sentimentos dos mais intensos; dos artesãos ao esculpir objetos com refinamento e dos esportistas em geral. Entretanto, para Gardner, a dança é a forma de utilização do corpo que atingiu os maiores ápices e que foi desenvolvida das maneiras mais variadas por diversas culturas.

Inteligência Intrapessoal

A inteligência intrapessoal é definida como a capacidade de distinguir os próprios sentimentos e agir com base nessa percepção. Ela se manifesta sempre que o indivíduo for capaz de adquirir um entendimento mais profundo de si mesmo, da origem de seus problemas, seus medos, suas carências, e também de seus desejos mais íntimos. As principais teorias da psicologia que explicam o funcionamento do psiquismo humano surgiram a partir da observação, de seus teóricos, sobre si mesmos e sobre seus próprios sonhos.

Inteligência Interpessoal

Já a inteligência interpessoal é designada como a capacidade de perceber os sentimentos e intenções, agora não mais de si mesmo, mas das outras pessoas. Trata-se de poder distinguir seus temperamentos e captar seus humores, desejos e necessidades. Inclui até mesmo a habilidade de perceber emoções que os indivíduos queiram ocultar. E em sua forma mais apurada, é poder identificar aspectos da personalidade de outras pessoas que nem mesmo elas conhecem. É, portanto, também a inteligência dos psicólogos, mas inclui os políticos, os professores, os apresentadores de TV e, sobretudo, os grandes líderes, capazes de conduzir multidões traduzindo seus desejos em um objetivo comum.

Inteligência Naturalista

Essa inteligência foi abordada em publicação posterior, juntamente com a proposta de uma inteligência existencial (que será abordada mais adiante). A inteligência naturalista compreende a capacidade de identificar e classificar seres vivos de uma mesma espécie, assim como saber diferenciá-los entre si. Inclui a habilidade de reconhecer a existência de novas espécies e poder mapear as relações entre elas. Para o teórico, "o naturalista é aquele que se sente confortável no mundo dos organismos, e demonstra talento para cuidar de várias criaturas vivas, domá-las, ou com elas interagir sutilmente." Um bom exemplo é o citado Charles Darwin, que se dizia um "naturalista nato". É, portanto, a inteligência dos biólogos, dos botânicos, dos veterinários, dos ambientalistas, entre outros.

Enfim, ao expor as múltiplas inteligências, é possível notar que, de fato, foram ampliados os horizontes sobre o tema. Visto que agora ele incluiu a esfera das artes, das habilidades corporais e do relacionamento do homem consigo mesmo e com seus pares. E, quando Gardner aceitou a hipótese de uma inteligência naturalista, acrescentou a relação do homem com a Natureza. Mas ele foi além (como será visto adiante) aquecendo ainda mais um debate que não só amplia significativamente as possibilidades de expressão da inteligência, como também fortalece e expande a autonomia intelectual do ser humano.

INTELIGÊNCIA EMOCIONAL: O DESAFIO DO AUTODOMÍNIO

Inspirado pela mudança de paradigma o psicólogo Daniel Goleman apresentou sua tese sobre a Inteligência Emocional. Sua pesquisa concentrou o foco nas inteligências pessoais (intrapessoal e interpessoal) propostas por Gardner, o que lhe permitiu aprofundar a compreensão sobre elas. *Inteligência Emocional: a teoria revolucionária que redefine o que é ser inteligente* – rapidamente tornou-se um fenômeno de vendas no mercado editorial e ganhou espaço principalmente nas organizações. A maioria das empresas contratou profissionais para ministrar palestras no intuito de "desenvolver" a inteligência emocional de seus executivos. Tal movimento, de certa forma, contribuiu para estabelecer uma ponte entre o rigor do universo acadêmico com a iminente exigência por resultados, presente no mundo corporativo.

Ao iniciar seu livro, Goleman relata uma experiência que diz tê-lo marcado profundamente. Conta que, certa vez, ao entrar em um ônibus, surpreendeu-se com a atitude de um motorista de "largo sorriso" que o acolheu com um amistoso "oi, como vai?". A mesma saudação foi feita a todos que também entravam no ônibus. Ao longo do percurso, Goleman, que acabara de concluir seu doutorado, passou a observar a atitude daquele motorista que, com muita animação, fazia comentários e descrições sobre os lugares que passavam. Ele observou que quando as pessoas desciam do ônibus, já haviam se livrado do mau humor que traziam consigo, respondendo com um sorridente "até logo, tenha um ótimo dia", ao se despedirem do motorista. Goleman comenta: "A lembrança daquele encontro me acompanha há quase vinte anos".

A atitude do motorista intrigou Goleman, pois contrastava com as notícias do jornal daquele dia. Entre elas, a constatação de que, das vítimas de assassinato com menos de doze anos, 57 por cento tinham sido mortas pelos próprios pais ou padrastos. Em quase metade dos casos, os pais disseram que estavam apenas tentando disciplinar o filho. As surras fatais tinham sido provocadas por "infrações" como ficar na frente da TV, chorar ou sujar toalhas. Foi assim que o autor percebeu que, de certa forma, as notícias apenas refletem, em maior escala, um arrepiante conjunto de "emoções descontroladas", de modo que ninguém está seguramente protegido dessa instável maré de "descontrole e arrependimento".

Goleman constatou, assim, a existência de duas formas bastante distintas de lidar com a emoção: a do pai que explode a ponto de matar seu próprio filho e a do motorista que mantém um bom humor contagiante, apesar do trânsito, do calor, das más notícias. E para iniciar suas reflexões sobre o assunto, ele cita a célebre frase de Aristóteles: "Qualquer um pode zangar-se – isso é fácil. Mas zangar-se com a pessoa certa, na medida certa, na hora certa, pelo motivo certo e da maneira certa – não é fácil." Seu objetivo, ao resgatar o pensamento de Aristóteles, é defender a ideia de que o problema não está na emocionalidade, mas na adequação entre a emoção e a sua manifestação.

Em sua abordagem o psicólogo também questiona enfaticamente o conceito de QI. A indagação que lhe surgia com intensidade era: que fatores entram em jogo, por exemplo, quando pessoas de alto QI fracassam e as de QI modesto se saem surpreendentemente bem? Ele comenta que muitos são os casos de pessoas com QIs altíssimos, alunos espetaculares, mas que cometem barbaridades, assumindo uma atitude completamente irracional, ou "burra", como ele próprio afirma. E acrescenta:

> *A inteligência acadêmica pouco tem a ver com a vida emocional. Os mais brilhantes entre nós podem afundar nos recifes de paixões desenfreadas e impulsos desgovernados; pessoas com altos níveis de QI são às vezes pilotos incompetentes de suas vidas particulares.*
> *(Goleman, 1996, p.46)*

Foi a partir dessas observações e reflexões que surgiu o conceito de Inteligência Emocional, contrastando com o potencial medido nos tradicionais testes. Segundo Goleman, essa inteligência apresenta diferentes dimensões interligadas. Entre as quais:

- **Autocontrole** (que só é possível quando há *autoconhecimento*)
- **Empatia**
- **Automotivação**

O *autocontrole* depende da capacidade que o indivíduo tem para reconhecer seus próprios sentimentos. É por essa razão que ele está automaticamente relacionado ao *autoconhecimento* (o que é muito próximo ao que Gardner chamou de inteligência intrapessoal). Porém, para Goleman, apenas reconhecer os sentimentos não basta. É preciso posteriormente conseguir expressá-los de forma adequada. A inteligência emocional se manifesta, por exemplo, quando alguém em vez de fazer uma queixa agressiva e pouco esclarecedora, é capaz de traduzir com clareza *como* se sentiu em determinada situação.

A *empatia* trata não mais da capacidade de reconhecer as próprias emoções, mas de reconhecer a emoção do outro (também próximo ao que Gardner nomeou de inteligência interpessoal). As pessoas empáticas são capazes de perceber o que os outros desejam, ou necessitam, ou como estão se sentindo. Aqui, porém, diferentemente de Gardner, Goleman acrescenta um valor moral à empatia, a qual diz ser a "raiz do altruísmo" e da "piedade", pois entende que a piedade e o altruísmo só ocorrem quando há profunda compreensão do sentimento alheio. Goleman acredita na inteligência emocional como uma esperança para mudar a sociedade, por se desenvolver equilibrando a "racionalidade com a compaixão".

A *automotivação* é compreendida por Goleman como a capacidade que o indivíduo tem de persistir diante das frustrações e dos obstáculos. Tal capacidade é que permite manter o otimismo, mesmo diante das dificuldades. Trata-se da qualidade de poder regular o próprio estado de espírito e impedir que a aflição e o desânimo interfiram na vontade e na motivação de alcançar metas e objetivos.

Nesse contexto, vale ressaltar um aspecto significativo ao tema central desse livro. Goleman (embora não utilize esse termo) está se referindo a algo que, de um jeito ou de outro, está basicamente vinculado à autonomia. Somente é possível "administrar as próprias emoções" para quem tem um grau elevado de autonomia. A correlação é quase óbvia, lembrando que autonomia define-se por governar a si mesmo. E é essa autonomia que permite ao indivíduo (inteligente do ponto de vista emocional) encontrar, por si só, a motivação necessária à sua própria existência, independentemente dos fatores e acontecimentos externos.

Gandhi, Nelson Mandela, Martin Luther King, passaram por sucessivas prisões e privações. Suas vidas não foram repletas de acontecimentos favoráveis. Entretanto, esses indivíduos tiveram uma capacidade autônoma de encontrar sua própria motivação, inclusive na adversidade. Essa autonomia permitiu-lhes governar a si mesmos e, consequentemente, a suas próprias vidas, fazendo com que não mudassem de direção – mesmo quando foi preciso "nadar contra a correnteza" e enfrentar situações de extrema dificuldade.

Eis aqui, mais uma razão pela qual as empresas deveriam investir cada vez mais no desenvolvimento da **autonomia** de seus líderes e colaboradores, em vez de somente preocuparem-se em mantê-los motivados.

INTELIGÊNCIA DE RESULTADOS: O FOCO NA APLICABILIDADE DAS IDEIAS

O psicólogo Robert Sternberg, professor da Universidade Yale, ficou inicialmente reconhecido no ambiente acadêmico por sua Teoria Triárquica da Inteligência. Porém, posteriormente apresentou suas ideias sobre o potencial humano sob o título de *Inteligência de Sucesso*, mas que logo recebeu o "apelido" de *Inteligência de Resultados*. Sua teoria propõe que a inteligência humana deve ser avaliada pelo desempenho que o indivíduo obtém na vida e não no universo acadêmico ou nos testes de QI. Seu argumento é que não faz sentido isolar a inteligência de um contexto maior no qual ela é aplicada – o ambiente que cerca o indivíduo e, principalmente, o mundo do trabalho. Para o autor, o quanto um profissional sabe, ou o lugar onde ele aprendeu o que sabe, não podem ser considerados mais importantes do que a maneira como ele aplica esse conhecimento em sua prática profissional.

Sternberg apresenta uma teoria na qual a inteligência é claramente evidenciada quando, de fato, ocorrem ações que promovem resultados satisfatórios. Surge assim, um conceito que aproxima a concepção de inteligência aos anseios do mundo empreendedor (e pragmático) do trabalho.

Para ilustrar o conceito cabe o seguinte exemplo: Em uma firma de informática, dois gerentes recebem a tarefa de escrever uma proposta destinada a um cliente interessado em comprar um computador. Cada um usa um tipo de inteligência. Quem se sai melhor?

- **Inteligência acadêmica:** o gerente 1 descreve o equipamento em detalhes e mostra como sua tecnologia é moderna.

- **Inteligência de resultados:** o gerente 2 explica ao cliente como o novo equipamento é capaz de atender às suas necessidades concretas.

Obviamente o segundo gerente foi mais eficaz em sua abordagem. É por essa razão que a teoria recebeu o "apelido" de inteligência de resultados.

Em seus relatos, Sternberg remete-se às experiências de sua infância ao expor seus argumentos. Recorda que obteve muitos fracassos nos testes que lhe eram aplicados na escola, em um capítulo que nomeou de "Minha Vida de Burro". O autor conta que se considerava incapaz de atingir boas notas até o momento em que teve a "sorte", como assim chamou, de ter uma professora que desprezava esses resultados obtidos nos testes de inteligência, diferentemente de seus professores anteriores. E, por esse motivo, ela acreditava que seu desempenho poderia ser melhor. Sternberg, com o objetivo de agradar a nova professora, tornou-se um aluno de conceito A, com muita rapidez, embora nem ele mesmo tenha atribuído essa conquista à sua própria capacidade mental.

> *Na época, jamais me ocorreu que eu havia me tornado um aluno A porque eu era realmente inteligente, apesar das péssimas notas em meus testes de QI. Pelo contrário, eu estava certo de que havia me tornado um aluno A, apesar da minha pouca inteligência. Depois de uma cuidadosa reflexão, cheguei à conclusão de que se devia ao fato de eu ter ido dormir mais cedo. (Sternberg, 2000, p.14)*

Segundo o professor, ao desenhar sua teoria ele afirma que *a Inteligência de Resultados* é conquistada quando há o equilíbrio de três capacidades complementares:

- **Inteligência Analítica**
- **Inteligência Criativa**
- **Inteligência Prática**

A *inteligência analítica* é definida como a capacidade de identificar quais são os verdadeiros problemas que envolvem determinada situação. Por mais que pareça óbvia a necessidade de se reconhecer a existência de um problema, muitas vezes é justamente nesse ponto que se localiza uma das maiores dificuldades das pessoas. Ele cita como exemplo os alcoólatras, pois normalmente não conseguem reconhecer que possuem um problema. E dá a seguinte explicação: esse comportamento se justifica por meio de "mecanismos de defesa" que são muito comuns no ser humano: a negação e a projeção. Isto é, ou o indivíduo nega a existência do problema, ou tende a achar que o problema está sempre no outro.

A *inteligência criativa* é apresentada como o potencial de criar soluções, é a capacidade de ir além do estabelecido para gerar novas ideias, porém a partir de uma análise bem feita. A inteligência criativa é uma espécie de ponte que interliga as demais inteligências. Isso porque essa teoria propõe que para ser bem sucedido em um objetivo é preciso: analisar a situação, criar soluções para essa situação e, posteriormente, colocá-las em prática.

A *inteligência prática* é, portanto, a capacidade de aplicar as ideias de modo eficiente no dia a dia. É a "inteligência que faz com que sejam solucionados os problemas da vida real", explica o psicólogo.

Novamente para diferenciar a *inteligência acadêmica*, da *inteligência de resultados*, Sternberg comenta que os trabalhos acadêmicos mais valorizados muitas vezes são realizados por indivíduos que apresentam, posteriormente, um fraco desempenho em sua atuação profissional.

> *Acabamos por ficar com médicos que não sabem se relacionar com seus pacientes, psicólogos cuja compreensão das pessoas se limita a estantes de livros e gerentes que podem saber como analisar um problema, mas não sabem como resolvê-lo. (Sternberg, 2000, p.114)*

Por fim, o autor afirma que existem boas evidências de que o QI avaliado em testes diminui com a idade, e a **Inteligência de Resultados tende a aumentar com o passar do tempo.** Com base nessa afirmação, a brasileira radicada nos Estados Unidos Regina Colônia-Wilner elaborou um estudo premiado pela Associação Americana de Psicologia. Ela investigou esse dado, avaliando a eficiência de executivos. Segundo a pesquisadora, **"As empresas que demitem funcionários mais velhos, somente em função da idade, estão cometendo um grave erro".**

Por fim, vale aqui estabelecer um paralelo entre as reflexões implícitas nessa proposta de conceituar a inteligência e a temática central do livro – isso porque só fará sentido abordar o tema da autonomia (do mesmo modo como fez o autor) se essa capacidade se manifestar, de fato, na concretização de ações. Uma autonomia apenas no plano "mental", desconectada do seu papel de atuação e de transformação do mundo é uma autonomia questionável e/ou sem razão de existir.

INTELIGÊNCIA ESPIRITUAL: UM ELO ENTRE A AUTONOMIA MORAL E INTELECTUAL

É possível ser inteligente espiritualmente? Essa é uma questão que começou a ser abordada nesse início do século XXI, impondo divergências, mas ao mesmo tempo, conquistando uma interessante abertura no mundo acadêmico diante da complexidade do tema. Gardner discute cautelosamente a possibilidade de incluir em sua lista uma inteligência espiritual e, posteriormente, adota o termo *Inteligência Existencial*, por considerá-lo mais sensato. Seu outro argumento é que a maioria dos teóricos das ciências cognitivas e biológicas evita falar sobre uma natureza espiritual, porque temem ser confundidos com impostores (e esse é um medo que ele próprio tem).

Já com uma postura mais audaciosa, entraram para esse debate a física e filósofa Danah Zohar em parceria com o psiquiatra Ian Marshall, ao publicarem sua teoria da *Inteligência Espiritual.* No ano seguinte à publicação, o psicólogo Richard Wolman, professor da faculdade de Medicina de Harvard, também divulgou suas ideias sobre o tema, cuja tradução para o português recebeu o mesmo título *Inteligência Espiritual*

AUTONOMIA INTELECTUAL

– embora o original (*Thinking with your Soul*) possa ser entendido como "Pensando com sua Espiritualidade".

Para Gardner, a espiritualidade reflete o desejo do homem de saber mais sobre os mistérios cósmicos e sobre todas as coisas que não pertencem ao mundo material. Para ele, tanto a arte, como a mitologia e a religião sempre refletiram o esforço humano para entender essas questões. E, embora esses questionamentos tenham sido muitas vezes solitários, o fato é que, ao longo do tempo, o homem foi construindo sistemas organizados para tentar lidar com essas perguntas, a ponto de ser possível afirmar que todas as culturas possuem um código de crenças sobre as questões primordiais que envolvem os mistérios da vida.

Outro prisma que ele propõe é o de tentar compreender a espiritualidade como a "conquista de um estado". Isto é, determinados aspectos fisiológicos e cerebrais podem sinalizar um estado alterado de consciência. "Em místicos, iogues e pessoas que meditam, a capacidade de atingir estes estados – e, talvez, de ajudar outros a atingi-los – é digna de nota."

Religiosos em geral, e principalmente os que se dizem "porta-vozes da espiritualidade", nos termos de Gardner, afirmam ser este o caminho que leva ao encontro de uma verdade mais profunda. Porém, diante dessa segunda premissa, Gardner considera complicado discutir cientificamente o tema. "Comprovar um estado de consciência alterado é bem plausível, inclusive por meios de equipamentos atualmente disponíveis, mas afirmar que este seja um estado de verdade espiritual é impossível".

Na tentativa de estabelecer um elo consistente entre a ciência e a espiritualidade, Gardner propõe que a temática enverede pelo caminho de considerar a hipótese de uma inteligência existencial, cuja complexidade do termo é um pouco menos abrangente. Sua definição considera a capacidade do homem de se situar em relação aos mistérios da condição humana, tais como o significado da vida e o sentido da morte.

Por fim, Gardner faz questão de separar a inteligência da moralidade, diferentemente dos demais autores. Mas mesmo assim, ele avaliou como relevante o argumento de certos evolucionistas que localizam, no senso de justiça, um produto da seleção natural na espécie humana.

Já a definição de Zohar, que defende que se inclua na descrição dos potenciais humanos uma Inteligência Espiritual, é:

> *A inteligência com que abordamos e solucionamos problemas de sentido e valor, a inteligência com a qual podemos pôr nossos atos e nossa vida em um contexto mais amplo, mais rico, mais gerador de sentido, a inteligência com a qual podemos avaliar se um caminho na vida faz mais sentido do que outro. (Zohar, 2000, p.18).*

Para a autora, a inteligência espiritual não possui nenhuma relação direta ou necessária com religião. O que também, ao mesmo tempo, não exclui a possibilidade de que uma pessoa encontre uma forma de expressão para esse tipo de potencial na prática religiosa. De modo sucinto, as principais características mencionadas por ela são:

- **Buscar mudanças por meio da transformação pessoal;**
- **Servir a algum ideal;**
- **Possuir grau elevado de autoconsciência;**
- **Ter capacidade de transcender a dor e as dificuldades;**
- **Ser capaz de se inspirar (e de inspirar os outros) por meio de valores;**
- **Relutar em fazer o mal ou causar dano desnecessário;**
- **Refletir constantemente sobre questões existenciais.**

E para complementar, a autora ainda acrescenta que **o ápice em termos de um indivíduo inteligente do ponto de vista espiritual é atingido pelo líder motivado pelo desejo de servir a algum ideal. Isto é, uma pessoa que inspira as outras e que é capaz de transmitir esses valores mais elevados aos demais.** Madre Teresa de Calcutá, Mahatma Gandhi e Nelson Mandela são citados pela autora como exemplo.

Outro exemplo dado por ela é Viktor Frankl, pois como interno no campo de concentração de Auschwitz, conhecendo na própria pele o pior sofrimento, ele foi capaz de escolher sua própria reação, transcendendo a dor que lhe era imposta, em busca de um sentido para a sua existência.

AUTONOMIA INTELECTUAL

Eis aqui mais um significativo exemplo de um indivíduo que demonstrou elevado grau de **autonomia.** Frankl foi capaz de governar a si mesmo, independentemente das condições extremas que lhe eram impostas. O ambiente o obrigava a sucumbir, mas sua autonomia lhe permitiu evoluir e experimentar o crescimento e a liberdade de pensamento que, posteriormente, deu origem a um livro e uma nova corrente da psicologia.

Com o auxílio do coautor e psiquiatra Ian Marshall, Zohar procura estabelecer elementos científicos comprobatórios para a sua hipótese. Também como Gardner, ela localiza nos lobos temporais do cérebro a região onde haveria efeitos físicos, no momento em que os indivíduos testados discutiam temas religiosos ou espirituais.

Um aspecto interessante a destacar na evolução desse debate é o fato da Inteligência Espiritual ter surgido justamente para questionar a ideia de "sucesso" associada às inteligências anteriormente relatadas. O fato é que as teorias de Goleman e Sternberg procuraram estabelecer uma relação direta entre a inteligência e o "sucesso" obtido na vida – algo que daria margem a inúmeras discussões, uma vez que os critérios para se dimensionar o "sucesso" são sempre muito subjetivos.

Cabe aqui, portanto, somente pontuar a crítica de Zohar ao afirmar que, se uma inteligência emocional garantiria ao indivíduo ser bem-sucedido, uma inteligência espiritual seria aquela que permite alcançar algo maior: encontrar um sentido para a vida e atingir um estado de paz interior. Para a filósofa, **essa inteligência nos dá senso moral, o que possibilita temperar "normas rígidas com compaixão e igual capacidade de saber quando a compaixão e a compreensão chegaram a seus limites".**

Da forma como Daniel Goleman a define, uma inteligência emocional me permite julgar em que situação eu me encontro e, em seguida, a comportar-me apropriadamente dentro dela. Isso significa trabalhar dentro dos limites da situação, permitindo que ela me oriente. Já a minha inteligência espiritual me permite perguntar a mim mesma, de início, se quero estar nesta situação particular. Não poderia eu mudá-la, criando uma outra melhor? Isso implica trabalhar com os limites da situação em que me encontro, permitindo-me dirigir a situação.
(Zohar, 2000, p. 19 e 20)

Defendendo ideias muito próximas, o psicólogo Richard Wolman aproxima o conceito ao campo da moral e da ética. **"A inteligência espiritual é a base sobre a qual repousam nossas escolhas morais"**, diz Wolman. Para o autor, **a mais profunda relevância desse conceito é poder trazê-lo para as atividades diárias, e isso inclui, principalmente, o significado que o homem atribui ao seu trabalho.**

Wolman comenta que todo indivíduo causa um impacto na vida dos outros a partir das ações que realiza no mundo. Para o autor, essas ações são orientadas, acima de tudo, por nossas escolhas morais. Ele ilustra a ideia de ligação entre todos os homens por meio de seus atos citando o exemplo de Nelson Mandela, Prêmio Nobel da Paz, que em um de seus discursos falou sobre a importância de uma "globalização das responsabilidades". Para Wolman, esse debate deveria ser levado à esfera das grandes empresas, principalmente no que diz respeito aos efeitos causados por seus produtos nas pessoas e no meio ambiente.

Em suas conclusões, novamente discordando do teórico das inteligências múltiplas, ele sustenta que a inteligência espiritual implicaria, sim, na resolução de problemas (critério proposto por Gardner para designar uma inteligência). Seu argumento é que tal inteligência permite ao indivíduo solucionar os diversos "dilemas morais" que lhe são apresentados ao longo da vida, assim como administrar os conflitos interpessoais – um dos principais desafios, inclusive, para o líder em qualquer organização.

Vale ressaltar que o professor defende seus argumentos com base em pesquisa por ele coordenada, na qual houve a aplicação de um teste de oitenta itens, em seis mil homens e mulheres.

Para finalizar, nota-se a interessante aproximação entre ciência e espiritualidade por meio do tema "inteligência", assim como a relação estabelecida com o ambiente corporativo. Talvez nunca antes esses três temas tenham tido tão estreitas correlações. Vale também destacar a aproximação da inteligência espiritual (definida como capacidade de fazer escolhas no campo da moralidade) com a teoria formulada por Kohlberg – visto que ambas recaem no conceito que designa a autonomia moral. Um heterônomo seria obviamente incapaz de destacar-se nessa inteligência. Somente quem possui autonomia é capaz de resolver, com inteligência, os dilemas que constantemente desafiam a existência humana. É portanto, a inteligência fundamental do líder autônomo e inspirador que, por meio do *equacionamento moral*, procura estabelecer diretrizes éticas para a administração dos conflitos e para a elaboração das estratégias e políticas organizacionais.

Abaixo, síntese das inteligências abordadas neste capítulo:

INTELIGÊNCIA

Lógico-matemática	Lidar com números, gráficos e raciocinar com a lógica.
Linguística	Utilizar as palavras com precisão, tanto na linguagem oral como na escrita. Capacidade de argumentação. Comunicação clara, fácil de ser compreendida. Poesia.
Musical	Expressão pelo som (cantar, tocar ou compor uma melodia).
Corporal-cinestésica	Usar o corpo de maneira ágil, inovadora ou expressiva.
Espacial	Domínio do espaço físico (orientação e estética).
Pictórica	Expressão pelo desenho.
Intrapessoal	Identificar as próprias emoções, sentimentos, desejos e necessidades.
Interpessoal	Identificar as emoções, sentimentos, desejos e necessidades do outro.
Emocional	Autoconhecimento, autocontrole, empatia e automotivação.
de Resultados	Analisar um problema, criar soluções para resolvê-lo e colocá-las em prática.
Naturalista	Compreender e relacionar-se com a natureza (animais e plantas).
Existencial	Atingir estados diferenciados de consciência e obter "insights" sobre os mistérios da vida.
Espiritual	Dar um sentido próprio à vida, ter um ideal, orientar-se por princípios e valores, inspirar pessoas e ter discernimento sobre as questões éticas que envolvem a vida e as relações humanas.

GANDHI: UM LÍDER COM AUTONOMIA MORAL E INTELECTUAL

Analisar alguns aspectos do modelo de liderança exercido por Gandhi, obviamente não foi uma escolha que fiz ao acaso. No primeiro capítulo desse livro, a autonomia moral foi abordada com ênfase nas teorias de Piaget e Kohlberg. Já no segundo capítulo ressaltou-se a evolução dos conceitos de inteligência que culminaram na ideia de uma inteligência espiritual (ou moral). Pois Gandhi pode ser considerado a expressão máxima desses dois debates e, ao mesmo tempo, uma síntese entre eles. Primeiro, porque do ponto de vista da autonomia e da moralidade, ele seria um legítimo representante do último (e mais elevado) estágio apresentado por Kohlberg. Segundo porque esse líder possui o conjunto das principais inteligências que despontaram a partir dessa notável mudança conceitual.

Gandhi era um homem pequeno e magro. Sua figura franzina, vestindo apenas uma *dhoti* (tanga comprida de camponês) que ele próprio tecia, de fato não corresponde, *a priori*, aos modelos de sucesso que inspiram "os homens de negócios". Do mesmo modo que seu princípio da *não-violência* também não parece sugestivo como um método eficaz para o competitivo mundo empresarial. Entretanto, sua liderança pode ser um exímio modelo ao mundo corporativo, desde que seu "estilo" não seja interpretado ou reproduzido "ao pé da letra" (como fazem os heterônomos). Para tanto, é preciso mergulhar com autonomia na essência de suas ideias e compreender, sobretudo, os mecanismos que o levaram a exercer tamanha influência sobre as pessoas (em sua época e até os dias atuais).

Mohandas Gandhi nasceu em Porbandar, oeste da Índia, no ano de 1869. A autonomia moral desse líder manifestou-se desde muito jovem, quando já questionava o sistema de castas imposto pelo hinduísmo, religião predominante de sua terra natal. A estrutura desse sistema determinava a seguinte divisão: os *brâmanes* (sacerdotes), os *xátrias* (guerreiros), os *vaixás* (mercadores e agricultores), os *sudras* (artesãos) e os "intocáveis", assim chamados, porque nenhuma outra casta hindu poderia tocá-los pessoalmente, nem qualquer coisa que tivesse contato com eles. Eram forçados a viver nos piores lugares e a realizar os trabalhos considerados degradantes, como limpar esgotos ou remover cadáveres. A família de Gandhi pertencia à subcasta dos *vaixás*, mas o pai de Gandhi, assim como seu avô, tinha o cargo de *diwan* (primeiro ministro) na corte do príncipe de Porbandar.

Gandhi considerava a intocabilidade uma mácula no hinduísmo e fazia de tudo para eliminá-la. Por várias vezes viajou pelo país hospedando-se na casa de intocáveis como forma de protesto e contestação ao preconceito que sofriam. Ele lutava pela eliminação total do sistema de castas. E, mesmo na prisão, nunca deixou de defender os direitos dos intocáveis.

Seus ideais e trajetória de luta marcaram sua vida, cuja principal conquista foi sobre a dominação imperial britânica na Índia. Gandhi liderou um confronto pacífico (por parte dos indianos) com a Inglaterra, norteado pelo princípio da **não-violência** – princípio criado por ele mesmo e que regeu, coerentemente, todas as facetas de sua existência.

A *não-violência* é, acima de tudo, um método de **resistência** baseada no princípio da ***não-cooperação***. No caso, como o objetivo era conquistar uma Índia independente, a *não-cooperação* consistia em boicotar tudo que era inglês: tribunais, empregos, escolas, roupas. Para Gandhi, essa era a única atitude que poderia atrair, de forma efetiva, a atenção mundial para a causa indiana.

Segundo o filósofo Jean-Marie Muller, em *O Princípio da Não-Violência*, ele afirma que, antes de tudo, esse princípio pressupõe uma forma positiva de mostrar agressividade, uma vez que sua essência está em maior oposição à passividade e à resignação, do que à própria violência. Trata-se, portanto, de uma forma de luta e de combate. O próprio Gandhi não gostava de ser chamado de "pacífico", pois achava que o termo sugeria fraqueza, enquanto seu método denota uma *"grande força interior"*. Até porque, de fato, enfrentar a violência, confrontar-se com ela, estando totalmente desarmado exige, acima de tudo, uma excepcional coragem.

Com sua "moralidade da desobediência civil", Gandhi conseguiu mobilizar o país inteiro (uma Índia divida entre hindus e muçulmanos), obtendo uma surpreendente adesão ao seu método e formando um verdadeiro exército de *"satyagrahis"* (a força da verdade e do amor). Por não atenderem às leis inglesas, as cadeias ficavam lotadas e mais de 100.000 pessoas foram presas. E não mais, porque não havia espaço.

Um dos episódios mais marcantes na luta pela libertação da Índia foi a *Marcha do Sal*. A marcha foi uma forma de contestar a imposição britânica que cobrava altíssimos impostos sobre o sal. Gandhi iniciou uma jornada de Ahmedabad até o litoral. A multidão que o seguia chegou a atingir três quilômetros de extensão, embora o protesto tenha se expandido por toda a Índia. Gandhi foi preso, junto com seus parceiros. Mas o movimento não cessou e o episódio final ocorreu na salina de Dharasana. Cerca de 2.500 homens (*satyagrahis)* marcharam, disciplinadamente, em direção aos depósitos de sal guardados por 400 policiais armados de cassetetes de aço. Sem executar um único movimento, e nenhuma reação, receberam golpes na cabeça e nos corpos, até finalmente caírem desfalecidos por terra. Nenhum dos manifestantes recuou – nem revidou um único golpe. E em famoso comunicado, o repórter Webb Miller relatou ao mundo a "derrota moral da Inglaterra":

"Não houve luta nem conflito; os manifestantes simplesmente seguiram em frente até que foram atacados. A polícia começou a espancá-los violentamente no abdome e nos testículos. Depois arrastaram os corpos e os jogaram nas valas. Por fim, os britânicos sufocaram a rebelião, mas a um alto preço: o freio moral que pensavam exercer sobre a Índia havia sido rompido para sempre" (Gardner apud cit. em Shirer, 1979, p. 98).

Como Gandhi conseguiu liderar tantos homens, fazendo com que dominassem sua natureza instintiva e primitiva, a ponto de suportarem golpes sem ao menos revidá-los? Como Gandhi conseguiu liderar uma Índia divida religiosamente (entre hindus e muçulmanos) sendo o seu único mentor? Como Gandhi conseguiu, e consegue, até hoje, influenciar pessoas no mundo todo a reavaliar suas ideais sobre desigualdade e violência?

Gandhi reunia o conjunto de inteligências apresentadas neste livro, sobretudo a inteligência espiritual (ou moral) e, principalmente, as características de uma legítima autonomia moral e intelectual. Ele era capaz de influenciar e conduzir pessoas porque sabia se comunicar efetivamente com elas (Inteligência Linguística). Ele compreendia e traduzia o sentimento de injustiça que lhes era imposto, percebendo seu sofrimento e suas necessidades (Inteligência interpessoal). Era adepto à meditação para desenvolver o autoconhecimento, e sua prática de jejum juntamente com seu método de resistência exigiam profundo autodomínio. (inteligência intrapessoal e inteligência emocional). Gandhi **analisou** profundamente o problema central da Índia, **criou** um método para combatê-lo e o colocou em **prática**, conquistando seu objetivo com eficácia (Inteligência de Resultados: analítica, criativa e prática).

Por fim, ao transformar o sentimento de injustiça em um ideal de luta, Gandhi lhe atribuiu um significado maior, compartilhado por um grupo, o que não só inspirava as pessoas, como lhe permitia tomar importantes decisões de ordem moral (Inteligência Espiritual).

Já no campo da autonomia, Gandhi mostrou que de modo algum ele era orientado pela obediência ou pelo medo da punição – visto que passou por sucessivas prisões – tampouco pelo desejo de "agradar", de "cumprir um dever" ou simplesmente "manter a ordem", como fazem os indivíduos que se encontram nos estágios heterônomos, descritos por Kohlberg. Contudo, o que coloca Gandhi no último estágio da escala kohlberguiana é a mistura de sua "rebeldia" com o seu profundo discernimento quanto aos princípios éticos de conduta, visto que suas reflexões, suas escolhas e seu método privilegiavam, acima de tudo, a dignidade humana. É por essa razão que ele foi o líder de religiões distintas. Porque embora houvesse divergências entre essas crenças, não havia como questionar a legitimidade dos elevados padrões morais defendidos por Gandhi.

Enfim, Gandhi é um legítimo exemplo de Líder Autônomo. Ele era orientado por princípios e, pelo mesmo motivo, era alguém que inspirava os mais elevados valores. Coerentemente com esses valores, ele também apontava para as pessoas um caminho, uma forma pela qual elas poderiam lutar e conquistar seus direitos. Sua conduta era íntegra e suas decisões eram justas e equilibradas (o que denota uma exímia capacidade de realizar um bom *equacionamento moral).* Gandhi agia de modo que todos identificavam nele um padrão elevado e inquestionável sob o ponto de vista ético. E por todas essas razões, ele pode ser considerado um líder de exímia autonomia moral e intelectual, cujo contexto no qual atuou, embora bastante distinto, permite observar um conjunto de características absolutamente relevantes a um líder em qualquer época – inclusive a atual.

A seguir, um dos discursos proferidos pelo Mahatma ("Grande Alma"), no qual ele demonstra a sua "moralidade da desobediência", ao mesmo tempo em que inspira princípios e dá um sentido maior ao combate.

Autonomia 360°

Preciso de coragem, pois por essa causa eu morreria.
Porém, não há causa nenhuma pela qual eu me disporia a matar.
Não importa o que nos façam, não atacaremos ninguém, não mataremos ninguém, mas também não faremos o que eles querem.
Vão nos prender, nos multar e confiscar nossos bens, mas não tomarão a nossa dignidade.
Estou pedindo que lutem, que lutem contra o ódio deles, não que o provoquem. Não desferiremos um golpe, mas receberemos golpes.
E, por meio da nossa dor, faremos com que percebam a injustiça. Isso será doloroso, como toda luta é dolorosa.
Mas não perderemos – não podemos perder.
Podem tomar o meu corpo, quebrar os meus ossos e até me matar.
Então, eles terão o meu cadáver, mas não a minha obediência.

CAPÍTULO 3
EDUCAR PARA A AUTONOMIA

> *A desobediência civil não é um estado de ilegalidade e licenciosidade, mas pressupõe um espírito de respeito à lei, combinado com a autonomia designada pelo autodomínio.*
>
> Gandhi

"VIGIAR E PUNIR" OU EDUCAR PARA A AUTONOMIA?

O filósofo Michel Foucault em sua obra *Vigiar e Punir* afirma que o homem se aperfeiçoou na arte da punição. Segundo o autor, "as variadas formas de suplícios, com seus rituais de ostentação, misturadas à cerimônia do sofrimento evoluiu para o cumprimento de penas nas prisões que guardam os seus segredos". Trata-se da passagem de uma "arte de punir" para outra e, na sua opinião, não menos científica. Do mesmo modo, essa "arte de punir" também se consagrou nas escolas e nas organizações, camuflada na sutileza de seus métodos.

> *Na escola funciona como forma de repressão toda uma micropenalidade do tempo (atrasos, ausências, interrupções de tarefas), da atividade (desatenção, negligência, falta de zelo), da maneira de ser (grosseria, desobediência), dos discursos (tagarelice, insolência), do corpo (atitudes "incorretas", gestos não conformes, sujeira), da sexualidade (imodéstia, indecência)... É utilizado todo o tipo de punição, toda uma série de processos sutis, que vão do castigo físico leve a privações ligeiras e a pequenas humilhações. Trata-se de tornar penalizáveis as frações mais tênues de conduta... para que cada indivíduo se encontre preso numa universalidade punível-punidora. (Foucault, 1997, p. 149)*

As reflexões de Foucault corroboram com os resultados obtidos na pesquisa de Kohlberg que, como já dito, apontou que a maioria das pessoas não evolui para estágios mais evoluídos de autonomia (moral e intelectual). Para ilustrar o paralelo (entre Foucault e Kohlberg) sugiro que me acompanhem na seguinte linha de raciocínio: a criança recebe punições de seus pais que reforçam sua obediência cega (respeito unilateral, heteronomia). Posteriormente, essa mesma criança vai para a escola, onde se depara com outras figuras de autoridade que, para manter a disciplina em sala de aula, garantir a presença, evitar a dispersão e fazer com que se cumpram as tarefas dadas, também utilizam inúmeras formas de punição. Tal sistema, iniciado na educação infantil, prolonga-se até o ensino superior, em que os mesmos mecanismos de controle são aplicados (só que agora em adultos).

O indivíduo então se forma e vai para o mercado de trabalho. Ele foi treinado, desde pequeno, a não se apropriar do espírito das regras, pois sempre existiu em sua vida uma figura de autoridade para exigir obediência cega e com poder para puni-lo em caso de transgressão. Esse indivíduo foi treinado para obedecer, e poucas vezes teve a possibilidade de pensar por si mesmo e opinar sobre as regras que lhe foram impostas. E, quando ele chega na empresa, esperam que ele tenha "iniciativa" e "trabalhe em equipe". Esperam que ele estabeleça **relações de cooperação**, quando, de fato, ele só conheceu e experimentou **relações de coação**.

Para agravar o quadro, na maioria das vezes o "chefe" utiliza mecanismos punitivos razoavelmente próximos aos que esse indivíduo conheceu na escola e que reforçaram a sua heteronomia. Esse "chefe" reproduz, até de forma inconsciente, os modelos de autoridade que internalizou ao longo de seu desenvolvimento, quando sua personalidade ainda estava em processo de formação. Do mesmo modo, seu colaborador também reproduz um modelo de submissão (ou rebeldia), carente de flexibilidade e de autonomia para decidir sobre o que é melhor a ser feito. E é por isso que as organizações estão cheias de "porteiros Zés".

Inúmeras experiências já mostraram que o homem chega à idade adulta ainda tão heterônomo, que é capaz de infligir qualquer tipo de violência por submissão à autoridade. Até em situações extremas, observou-se que muitos adultos se consideram absolutamente inocentes, mesmo quando matam ou torturam, sob o argumento que julgam absolutamente legítimo: "Eu estava cumprindo ordens".

O psicólogo e sociólogo Stanley Milgram, ao escrever *Obediência à Autoridade,* aponta pesquisa sobre os efeitos da punição no processo de aprendizagem. Um laboratório recrutou, por meio de anúncios publicados, voluntários para participar do estudo. O pesquisador solicitou que

EDUCAR PARA A AUTONOMIA

cada participante infligisse a um aluno punições gradativamente mais severas. E isso incluía descargas elétricas de intensidade progressiva, toda vez que cometesse um erro. Na verdade, os alunos que seriam "punidos" não recebiam os choques. Eles foram orientados para que, como atores, simulassem dor e sofrimento, fazendo apelos cada vez mais veementes. A setenta e cinco volts, eles deveriam gemer; a cento e cinquenta volts, suplicariam para que a experiência fosse interrompida; a duzentos e oitenta volts, sua única reação eram gritos de agonia. A cada vez que os voluntários hesitavam em aplicar uma descarga, recebiam ordem para prosseguir.

Os dados da análise revelaram que ninguém se recusou a participar da experiência e que dois terços dos voluntários continuaram até o fim, quando o nível do choque aplicado era o mais elevado. Conclusão: pessoas comuns podem, para cumprir uma determinada tarefa, tornarem-se agentes da crueldade e da destruição. Se a autoridade solicitar para agirem contra as normas da moral, poucos são os que possuem recursos internos (autonomia) que lhes permitam apresentar resistência.

Por que para um líder o resultado dessa pesquisa não seria um dado interessante? Afinal, saber que a maioria das pessoas obedece sem questionar deveria trazer uma boa dose de conforto. Depende, não é bem assim. Porque pessoas heterônomas têm uma moralidade frágil, visto que apenas temem a punição e/ou figuras de autoridade. Isso significa que quando esses elementos estão ausentes, isto é, quando não estão sendo "vigiadas", estas pessoas violam regras sem nenhum princípio. Já indivíduos autônomos mantêm uma mesma linha de conduta, tanto na presença do líder, como na sua ausência, pelo fato de que obedecem a sua própria consciência. Pessoas autônomas, portanto, são aquelas que o líder pode delegar tarefas e contar com a entrega final, sem que para isso ele necessite exercer práticas rigorosas de vigilância e de controle. Já os heterônomos, por terem um comportamento moral infantilizado, na ausência do líder tendem a se comportar como "crianças levadas" que aproveitam para fazer escondido tudo o que dá vontade ou é proibido.

Enfim, vale retomar a pergunta inicial deste livro: Será que as organizações se beneficiam em ter "porteiros zés", que apenas obedecem, sem nenhuma autonomia?

Para novamente responder a essa **questão**, proponho considerar como pensam alguns executivos de sucesso. É o caso de Herb Kelleher (presidente do conselho e diretor-presidente da Southwest-Airlines) que chegou a ser considerado pela revista Fortune o melhor diretor-presidente dos Estados Unidos.

> *Quando nossos concorrentes começaram a exigir dezenas de milhões de dólares por ano para usarmos os sistemas de reserva de seus agentes de viagens, eu disse: pode esquecer. Desenvolveremos um sistema eletrônico que dispense o bilhete, de modo que os agentes de viagem não terão mais que preencher os bilhetes da Southwest. E não seremos mais reféns dos sistemas de distribuição de nossos concorrentes. Só então, fiquei sabendo que funcionários de vários departamentos já haviam se reunido, previsto essa possibilidade e começado a desenvolver um sistema, sem receber ordem de ninguém. (Drucker, P. apud Kelleher, H. 1999, p.54 e 55).*

> *Não estamos buscando a obediência cega. Estamos buscando pessoas que, por sua própria iniciativa, querem fazer o que fazem, porque acham que vale a pena. (Idem)*

Esse tipo de iniciativa, porém, só é conseguido quando as pessoas sentem confiança nos seus líderes que, em vez de "vigiar e punir", estimulam e valorizam plenamente o exercício da autonomia como uma ferramenta de trabalho.

Quando as organizações somente "treinam" os seus colaboradores, estão condicionando comportamentos padronizados. Só que sempre aparecem situações que exigem uma resposta diferenciada, cuja regra não contempla. E, por não terem autonomia, faltam-lhes recursos que possibilitem tomar decisões acertadas. Por despreparo ou medo, esses colaboradores sentem-se protegidos aplicando regras "ao pé da letra". E é desse modo que os "porteiros Zés" muitas vezes violam, sem ter consciência disso, direitos humanos e do consumidor, ou simplesmente "travam" os processos que envolvem o trabalho.

Toda organização necessita de regras. Toda organização que funciona, necessita de que as pessoas respeitem e cumpram suas regras. E seria insensato pensar que uma organização possa funcionar sem nenhum sistema de controle para evitar que suas regras sejam violadas. Por outro lado, instalar uma cultura que promova a autonomia, estimulada por uma liderança educadora não significa, de modo algum, que as empresas vão instituir uma espécie de "cada um faz o que quer". Trata-se apenas de educar pessoas para que possam solucionar os conflitos diários com mais iniciativa e adequação às circunstâncias.

Dentro de uma cultura organizacional que preza pela autonomia, as regras também são sempre revistas, pois muitas vezes necessitam de uma atualização. De um modo geral, todas as regras precisam ter:

- Um sentido de existir;
- Um significado compartilhado pelo grupo;
- Uma aplicação objetiva.

Fortalecer a autonomia de líderes e colaboradores é sempre um desafio para as organizações. Porém, tal desafio só será assumido por aqueles que, de fato, reconhecerem o valor da autonomia como propulsora do desenvolvimento pessoal, grupal, e das possibilidades do negócio. Nesse cenário, um dos caminhos é investir em um modelo de liderança coerente com esse objetivo. É preciso, portanto, fazer escolhas: "Vigiar e Punir" ou Educar para a Autonomia?

O LÍDER AUTÔNOMO FORTALECE AS RELAÇÕES DE COOPERAÇÃO

Liderar para a autonomia é estar absolutamente comprometido com o próprio autodesenvolvimento e, na mesma proporção, com o desenvolvimento do outro – e de sua equipe como um todo. O líder autônomo é também aquele que investe no fortalecimento dos vínculos de verdadeira cooperação moral e intelectual.

Voltando às referências piagetianas, suas reflexões apontam que a sociedade abrange diferenciadas formas de relações humanas, entre as quais ele destaca dois modelos extremos: as **relações de coação** e as **relações de cooperação.** Contudo, são somente as *relações de cooperação* que conduzem efetivamente ao desenvolvimento da autonomia.

As **relações de coação** se estabelecem à medida que é imposto ao indivíduo um sistema de regras totalmente obrigatório. As relações entre a criança e o adulto caracterizam-se como relações desse tipo, uma vez que se consagram pela autoridade e pelo *respeito unilateral*. Esse *respeito unilateral* (advindo da moralidade da obediência) é estabelecido pelos pais, para que tenham controle sobre as ações de seus filhos, que ainda não são capazes de cuidar de si mesmos.

Já as **relações de cooperação** se estabelecem por meio da reciprocidade, quando o indivíduo experimenta interiormente a necessidade de tratar os outros como gostaria de ser tratado. São, portanto, relações adultas e de respeito mútuo. Também por serem relações entre iguais, a punição nesse caso é geralmente interpretada como vingança ou abuso de poder.

Retomando a tipologia dos líderes que propus no capítulo inicial, o líder autoritário, como dito, é aquele que preza pela obediência. Ele estabelece, portanto, *relações de coação*. E com essa atitude, fortalece a heteronomia dos indivíduos desencadeando, entre outras coisas, o chamado *medo negativo.*

Sabe-se hoje em dia que o medo em proporções razoáveis desencadeia um estímulo que é benéfico. Isso porque é necessário experimentar uma certa dose de medo, sem a qual o indivíduo não abandonaria a sua zona de conforto. Esse é, portanto, o *medo positivo* que leva ao crescimento e à superação de limites. Pessoas que realmente gostam do que fazem relatam sentir esse tipo de medo – que causa "frio na barriga" – quando diante de situações desafiadoras. Um cientista ao apresentar sua tese em um congresso, um artista antes de subir ao palco, um palestrante antes de fazer sua apresentação em público etc.

Já o *medo negativo,* desencadeado pelo líder autoritário – e que pune com severidade – é bastante diferente. Ele paralisa, limita a criatividade e bloqueia a iniciativa do indivíduo. **O medo da punição também enfraquece, ou até mesmo destrói as *relações de cooperação,* pois quando apavoradas, as pessoas entram no espírito do "salve-se quem puder" e empurram as responsabilidades umas às outras.**

É portanto papel do Líder Autônomo e educador criar um ambiente de *cooperação,* visto que seu objetivo maior é desenvolver a autonomia. Para tanto, ele deve "vigiar" a si mesmo, sendo exemplo e zelando para

EDUCAR PARA A AUTONOMIA

que o respeito mútuo prevaleça nas relações da equipe. Nessa tarefa, alguns cuidados básicos são primordiais para manter a coesão do grupo. Entre os quais:

- **Buscar as causas, e não os culpados;**
- **Designar uma divisão equilibrada das tarefas;**
- **Envolver o grupo nas decisões;**
- **Reconhecer esforços coletivos;**
- **Premiar o mérito;**
- **Praticar a Tolerância Sensata.**

O LÍDER AUTÔNOMO PRATICA A TOLERÂNCIA SENSATA

Tolerância é uma questão de bom senso – e praticá-la na medida exata é um grande desafio, sobretudo no exercício da liderança. Principalmente para um líder que deseja educar para a autonomia, pois em algum momento ele certamente se questionará sobre quais são os limites dessa autonomia e, consequentemente, da sua tolerância também.

O pensador italiano Norberto Bobbio em *A Era dos Direitos* discute "as razões da tolerância", trazendo preciosas reflexões ao abordar o tema sob a ótica da ética e da verdade. Ou seja, duas vertentes que corroboram com o aprimoramento da autonomia (moral e intelectual) e que poderão também clarear os limites de uma tolerância adequada ao papel do líder.

No que diz respeito à busca da verdade (autonomia intelectual), para Bobbio a *tolerância* tem um papel fundamental para se atingir esse fim. Ele parte do princípio de que existe uma verdade implícita em cada crença e, pelo mesmo motivo, jamais haverá uma "verdade absoluta". Assim, o tolerante é aquele que, embora não abdique de suas crenças, compreende a necessidade de confronto e síntese entre as diversas verdades para somente então aproximar-se do que seria uma "verdade maior". Ou seja, a tolerância permite realizar um *equacionamento intelectual*, competência designada aos indivíduos autônomos.

Bobbio também atribui à tolerância uma razão moral: o respeito à pessoa alheia. O tolerante é, portanto, aquele que convive com a liberdade e com o direito do outro. E indo além, ele afirma que não só a *tolerância*, mas que até mesmo a *intolerância* pode ter uma razão moral. Para explicar sua tese, ele então desmembra o tema da seguinte forma: tolerância positiva, tolerância negativa, intolerância negativa e intolerância positiva.

A ***tolerância positiva*** diz respeito ao dever moral, ao respeito à pessoa alheia; ao reconhecimento do igual direito de conviver e à necessidade humana inerente à busca da verdade, que ocorre por meio do confronto de ideias.

A ***tolerância negativa*** refere-se ao conformismo, à permissividade, à apatia, ao que ele chamou de condescendência com o mal, com o erro e com a preguiça, por falta de firmeza e de princípios, ou por cegueira diante dos valores; manifesta-se também sob a forma de indolência. É o que na linguagem popular seria o tal do "deixa pra lá, é assim mesmo e eu não tenho nada com isso".

A ***intolerância negativa*** apresenta-se sob a face do preconceito, do radicalismo e da imposição de ideias pela força. Refere-se também à indevida exclusão do diferente, principalmente quando por motivos físicos ou sociais.

Por fim, a ***intolerância positiva***, que segundo o autor manifesta-se na revolta e na indignação contra as coisas que estão erradas, tendo como principal característica o rigor e a firmeza de princípios.

SÍNTESE DAS FORMAS DE (IN)TOLERÂNCIA, SEGUNDO BOBBIO

TOLERÂNCIA POSITIVA

- Respeito à pessoa alheia;
- Reconhecimento do igual direito de conviver;
- Necessidade inerente à busca da verdade, que só ocorre por meio do confronto de ideias.

TOLERÂNCIA NEGATIVA

- Conformismo;
- Permissividade;
- Apatia;
- Condescendência com o mal, com o erro e com a preguiça;
- Falta de firmeza ou de princípios;
- Cegueira diante dos valores.

INTOLERÂNCIA POSITIVA

- Revolta e/ou indignação contra as coisas que estão erradas e que ferem os princípios de conduta.
- Tem como principal característica o rigor e a firmeza de princípios.

INTOLERÂNCIA NEGATIVA

- Preconceito;
- Radicalismo;
- Imposição de ideias pela força.
- Manifesta-se, sobretudo, na indevida exclusão do diferente, principalmente quando por motivos físicos ou sociais.

Pois se fosse possível um diálogo entre Gandhi e Bobbio, nessa conversa certamente concordariam que *os princípios da não-violência* e da não-cooperação, elaborados e praticados por Gandhi na luta pela libertação da Índia, representam a mistura bem equilibrada entre a *tolerância* e a *intolerância positivas.* Isto é, a união do respeito à dignidade e aos direitos humanos, "apimentada" pela indignação ativa contra as "coisas que estão erradas".

Para o líder autônomo, portanto, a **tolerância sensata** seria essa mesma mistura entre a tolerância e a intolerância positivas. Na prática, isso significa que a sua *tolerância com o erro* pressupõe orientar-se sob essas diretrizes. Assim, para que a autonomia seja estimulada, é preciso que o líder seja tolerante, e não punitivo, mediante as iniciativas que denotam uma tentativa de resolver problemas ou de promover qualquer tipo de melhoria no trabalho (atendimento ao cliente, práticas de rotina etc), **ainda que sejam malsucedidas**. Pois é justamente aqui que se exercita a *tolerância positiva*, de modo que os colaboradores sintam, de fato, que podem arriscar tentativas em prol do desenvolvimento da organização.

Nesse processo, é também papel do líder estimular a autonomia do grupo, e não só do indivíduo, para que a troca de ideias seja adotada como uma prática constante. Assim, mediante ações complexas, as decisões devem ser provenientes de uma avaliação grupal, de modo que os riscos sejam coletivamente avaliados e ponderadamente dimensionados. É uma forma de garantir que a autonomia esteja vinculada à responsabilidade e à eficiência no negócio

Por fim, já os comportamentos de apatia, acomodação ou negligência devem ser abordados com firmeza pelo líder. E, principalmente, os comportamentos que ferem os princípios éticos de conduta, colocando em risco o bem-estar comum e/ou os valores da empresa – estes, sim, devem ser tratados com a *intolerância positiva,* o que implica em tomar ações efetivas e rigorosas.

AUTONOMIA E (IN)TOLERÂNCIA NO PAPEL DO LÍDER

TOLERÂNCIA POSITIVA	TOLERÂNCIA NEGATIVA
Necessária para fortalecer o comportamento autônomo, quando aplicada em situações nas quais houve demonstração de iniciativa, tentativa de solucionar problemas internos e/ou relacionados ao atendimento do público – ainda que os resultados não tenham sido satisfatórios.	Ocorre quando o líder faz "vista grossa" perante situações de negligência, preguiça, falta de comprometimento com a tarefa e com a entrega a ser realizada e, sobretudo, quando houve falta de cooperação com o grupo e/ou comportamento do tipo "puxar o tapete" do colega para ter ganhos pessoais.
INTOLERÂNCIA POSITIVA	**INTOLERÂNCIA NEGATIVA**
Aplicada quando o líder é enérgico em situações nas quais os valores da empresa foram violados. Isto é, sempre que houver evidências de que a conduta do indivíduo burlou a ética e o respeito mútuo. Nestas circunstâncias é necessário rigor e, mediante avaliação criteriosa, o desligamento do indivíduo pode ser necessário.	Quando o líder radicalmente pune toda a equipe pelo erro de um único indivíduo (ou pequeno grupo); quando toma decisões movidas pela impulsividade, sem ouvir os demais; quando impõe regras que ferem o bom senso e, por fim, quando exclui indivíduos por preconceitos de qualquer ordem (étnicos, religiosos, sociais, de gênero, etc.).

AUTONOMIA E LIDERANÇA NA EDUCAÇÃO CORPORATIVA

Quem já parou para observar a relação de um professor com seus alunos pôde notar que se trata de um exercício de liderança – o que facilita compreender o caminho pelo qual a revisão das práticas educativas também forneceram subsídios para inspirar o papel do líder no ambiente corporativo. Em meio a esse universo de referências e de teorias de aprendizagem, **o Líder Autônomo – que é também um Líder Educador – é aquele que, inspirado por preceitos pedagógicos, vislumbra desenvolver pessoas fortalecendo sua autonomia no contexto das organizações e das relações humanas.** Nesse sentido, torna-se fundamental acrescentar uma palavra à definição inicialmente apresentada de Liderança como: *capacidade de influenciar, conduzir e desenvolver pessoas em direção a um objetivo comum.*

No intuito de reavaliar o ensino tradicional, surgiram propostas educativas que partiram do questionamento de uma escola que estava preocupada somente em moldar um bom comportamento e assegurar a memorização dos conteúdos. Esse modelo educacional foi substituído à medida que surgiram objetivos pedagógicos considerados mais relevantes, entre os quais: desenvolver a *autonomia intelectual* e a *autonomia moral* do indivíduo, de modo que ele possa se tornar uma pessoa capaz de cooperar com os outros, ao mesmo tempo em que aprende a pensar por si mesmo e, sobretudo, a assumir a responsabilidade por sua conduta, pelo seu desenvolvimento e pelo ambiente que o cerca.

E é nesse contexto que desponta um espaço para o líder autônomo e educador no ambiente empresarial. Simplesmente porque tais objetivos pedagógicos alinham-se aos interesses de uma organização que deseja expandir-se, investindo no fortalecimento da autonomia de seus colaboradores. Assim como as recentes abordagens educacionais ressaltam a importância de formar indivíduos que "saibam pensar", faz sentido supor que as empresas também valorizem um capital humano que possua uma "inteligência viva", em contínuo processo de evolução intelectual e moral.

Para fazer a ponte entre a educação e o ambiente corporativo, será feita uma descrição sucinta e comparativa entre as principais abordagens educacionais, no intuito de resgatar as bases pedagógicas que fornecerão diretrizes ao líder autônomo e educador. Entre as quais:

Autonomia 360°

- **Abordagem tradicional**
- **Abordagem comportamentalista**
- **Abordagem construtivista**
- **Abordagem sócio-construtivista**

A abordagem tradicional

Em uma escola tradicional, a figura do professor tem como função transmitir o conhecimento de forma sistematizada. Sua autoridade permite a imposição limites rígidos, decorrentes do poder que lhe é atribuído. O aluno é aquele que assimila informações e obedece às ordens. A relação é vertical, pois somente o professor tem poder de decisão sobre: a metodologia que será utilizada, o conteúdo programático, a forma de avaliação e, de modo geral, sobre todas as regras adotadas.

Os objetivos educacionais são formar indivíduos que saibam reproduzir os conteúdos ministrados, o que inclui teorias reconhecidas e informações sobre o mundo e seu patrimônio cultural (aquisições científicas, história, literatura, arte, realizações da humanidade). O padrão de inteligência valorizado é de caráter cumulativo, com ênfase na memorização de conteúdos. Isto é, supõe-se que a inteligência seja a capacidade de acumular/armazenar o maior número de informações possível. A metodologia resume-se basicamente a aulas expositivas e exercícios de fixação. O processo de avaliação consiste em averiguar a reprodução exata do conhecimento transmitido. Independentemente da "didática" utilizada pelo professor, o erro (ou fracasso) é sempre atribuído ao aluno.

A abordagem comportamentalista

Nessa abordagem, o professor aplica técnicas de condicionamento que envolvem: reforço positivo (elogios, premiações), reforço negativo (retirada de benefícios) e extinção (punição). O aluno é aquele que participa das atividades programadas pelo professor. Somente o professor é quem escolhe o conteúdo e os comportamentos que deseja reforçar ou modelar. Os objetivos educacionais são formar indivíduos produtivos e instalar comportamentos considerados úteis e desejáveis à sociedade (extinguindo obviamente os comportamentos considerados indesejáveis). O controle e o diretivismo do comportamento são considerados inquestionáveis. A metodologia ocorre por meio do treinamento/condicionamento. Na avaliação, busca-se averiguar se foram alcançados os objetivos estabelecidos (extinção/modificação de comportamentos). O fracasso, em tese, deveria ser atribuído à técnica, uma vez que para os comportamentalistas é possível moldar todo e qualquer tipo de comportamento.

A abordagem construtivista

A escola construtivista, embasada pelos preceitos piagetianos, propõe uma série de mudanças aos modelos anteriores, principalmente por considerar que eles comprometem efetivamente o desenvolvimento de uma autonomia intelectual e moral. No modelo tradicional, esse comprometimento ocorre, sobretudo, por meio do papel autoritário do professor que pune o "mau comportamento" e valoriza a reprodução mecânica dos conteúdos – o que na linguagem popular recebeu o nome de "decoreba". Já no comportamentalismo, esse processo acontece de forma mais velada e "manipuladora", de modo que o "bom comportamento" é premiado, reforçado e, portanto, mantido por meio de técnicas programadas. Na visão construtivista, ambas as abordagens sacrificam a autonomia do indivíduo.

Assim, no construtivismo a figura do professor é a de um facilitador e coordenador dos processos de aprendizagem. O aluno é estimulado a pensar e a construir conhecimento. As atividades grupais são sempre valorizadas. Nelas, o professor cria situações de desafio intelectual e cooperação moral. O professor estabelece regras em função da realização da atividade proposta e da construção do conhecimento, porém o grupo também é convidado a participar da elaboração das regras que permeiam o processo, sendo constantemente revistas e reformuladas, em prol dos objetivos e do bem estar comum. Há sim uma figura de autoridade, como em qualquer organização social (família, empresa, entidades...), mas sem autoritarismo.

O objetivo educacional, como já dito, é desenvolver a autonomia moral e intelectual, assim como o aperfeiçoamento das relações sociais. Cabe ao professor provocar "desequilíbrios" (desafios, inquietações) que estimulem o indivíduo, criando condições para que se desenvolva uma atitude de cooperação e de reflexão crítica, comprometida com a ação. Trata-se de uma *escola para o pensamento*, como é chamada por alguns autores.

O conhecimento é visto como algo inacabado e, portanto, é construído a todo o momento – o que permite o surgimento do novo. Ele acontece a partir da interação do indivíduo com os estímulos oferecidos pelo meio. A inteligência é vista como a capacidade de adaptação e solução de problemas, em função da necessidade de superar os "desequilíbrios" (dificuldades) em relação ao ambiente. A criatividade é sempre valorizada. E a organização das atividades leva em conta o interesse do grupo.

Utiliza-se a autoavaliação para estimular no indivíduo a reflexão e a responsabilidade pelo seu autodesenvolvimento (e autoconhecimento). Também é feita uma avaliação do aluno, porém não só em relação à sua produção, mas também em relação ao seu comportamento perante o grupo. Os erros não são punidos, pois são encarados como parte do processo de aprendizagem. Acertos e erros são atribuídos ao grupo.

A abordagem sócio-construtivista

O sócio-construtivismo tem como principal inspiração a obra deixada pelo brasileiro Paulo Freire, referência mundial em Educação. Nessa abordagem, o conhecimento é construído pelo grupo, por meio do diálogo, e a partir do universo cultural das pessoas envolvidas. Freire iniciou sua jornada dedicando-se a programas de alfabetização para adultos nos quais associava estudo, trabalho, experiência vivida, pedagogia e política. O método por ele desenvolvido possibilitou resultados surpreendentes, o que lhe rendeu um convite para repensar a alfabetização de adultos em âmbito nacional. Afinal, ele havia realizado a proeza de alfabetizar 300 trabalhadores rurais em apenas 45 dias.

Quando houve o golpe político em 1964, Freire foi preso e no mesmo ano exilado do Brasil sob a acusação de que suas ideias eram subversivas. Sua pedagogia libertadora incomodou a ditadura militar que buscava, entre outras coisas, anular a autonomia dos cidadãos. Quanto ao ocorrido, o educador comenta que em uma sociedade de privilégios, é inevitável que a educação seja considerada uma ameaça, afinal, "nenhuma ordem opressora suportaria que os oprimidos todos passassem a dizer: *Por quê?"*

Foi durante o exílio que Freire escreveu sua principal obra: *A Pedagogia do Oprimido,* na qual enfatiza o fortalecimento da autonomia do sujeito, desenvolvendo sua criticidade como um caminho de libertação e de transformação de sua realidade social. Para Freire, a autonomia é um processo gradativo de amadurecimento, que não ocorre em data marcada, mas por toda a vida, propiciando ao indivíduo a capacidade de decidir e, ao mesmo tempo, de arcar com as consequências de sua decisão.

Ao refletir sobre a relação opressor/oprimido, Freire notou que existiam dois tipos de conduta: a dos que sonhavam com a transformação por uma sociedade mais justa, e a dos que sonhavam com o dia em que sairiam da condição de oprimido, para então ocupar o lugar de opressor.

Vale aqui notar uma surpreendente faceta humana. Pois por trás de uma pessoa submissa há sempre um indivíduo autoritário. Isso ocorre porque o submisso é aquele que legitima a dominação do outro para consigo mesmo, sonhando com o dia no qual ocupará o seu lugar – para poder então mandar e subjugar a vontade alheia. Diferentemente do indivíduo autônomo que compartilha decisões quando está no comando e, pelo mesmo motivo, não aceitará imposições arbitrárias quando é liderado.

Nos escritos de Freire ele também aponta a existência de dois tipos de pedagogia: *a pedagogia como prática de dominação e a pedagogia como prática de libertação.* A primeira forma é baseada no que ele nomeou de concepção "bancária" de educação, na qual o professor conduz os alunos à memorização mecânica do conteúdo narrado. Trata-se de uma prática voltada para a transmissão vertical de conhecimentos. É o modelo tradicional já mencionado. O professor "deposita" o saber e o "saca" por meio de provas e exames. O resultado obtido é que nessa concepção "bancária" de educação, a ingenuidade do educando é mantida, o que limita efetivamente o desenvolvimento de sua **autonomia** em qualquer campo.

Já na *pedagogia como prática de libertação,* que constitui uma concepção "problematizadora" de educação, surge a possibilidade na qual o conhecimento é derivado de um processo crítico, altamente reflexivo, que implica em desvelar a realidade e poder se posicionar diante dela.

Porém, para que isso ocorra, é preciso superar a relação vertical entre educador e educando e, primordialmente, instaurar uma **relação dialógica**. Somente o diálogo supõe troca, e não imposição. Pela via do diálogo, os homens se descobrem como seres em transformação, de modo que a busca pelo saber se torna uma necessidade permanente.

Para Freire, "ninguém educa ninguém, tampouco ninguém educa a si mesmo, os homens se educam em comunhão". E é somente assim que se constrói o conhecimento e se desenvolve a autonomia do sujeito. Ao mesmo tempo, esse conhecimento e essa autonomia despontam entrelaçados à necessidade inerente de querer transformar o mundo.

A Educação Corporativa

Percorrido o caminho que compara as diferentes abordagens educacionais, proponho uma transposição de tais contribuições ao mundo corporativo e, principalmente, ao papel do Líder Autônomo. Assim, com base nos questionamentos e nas propostas pedagógicas que foram surgindo, serão apontados caminhos para a atuação desse líder, cujo foco – predominantemente inspirado pelo construtivismo e pelo sócio-construtivismo – é desenvolver a autonomia pessoal e organizacional.

Antes, porém, vale pontuar alguns aspectos sobre os programas de "desenvolvimento" que em geral são atualmente implantados nas organizações. Do mesmo modo que a abordagem tradicional ficou ultrapassada no ambiente educacional, as empresas mais "modernas" passam longe de treinamentos que seriam enfadonhas *aulas expositivas*. As pessoas agora visitam espetáculos, assistem a palestras que são "verdadeiros shows", ou ainda viajam para fazer escaladas, praticar esportes radicais etc.

Até aí, não há nada de errado. São práticas legítimas, que quebram a rotina, e não deixam de ser oportunidades riquíssimas de aprendizado. Também por serem impactantes, servem para fazer o indivíduo despertar sob vários aspectos. O risco, no entanto, não está nessas práticas, mas no uso *exclusivo* delas. Pois se as pessoas precisam, o tempo todo, que se "abram as cortinas de um grandioso espetáculo" para se sentirem motivadas a aprender, é porque não se apropriaram do seu auto-desenvolvimento, tampouco desenvolveram certo grau de autonomia que confere maturidade suficiente para buscar sua própria evolução –

comportamentos fundamentais que toda organização deveria esperar de seus colaboradores.

Quando as empresas corroboram com esse processo estão prolongando a heteronomia de seus colaboradores. Nesse caso, o ideal é que haja um equilíbrio, sem radicalismos. Ora atividades lúdicas que promovam experiências diferenciadas, ora momentos de estudo organizados e sistematizados, nos quais se façam leituras críticas, assistam a filmes conceituados e tenham, inclusive, aulas *inicialmente* expositivas, mas que sirvam para estimular um posterior diálogo com autores, com colegas e com a própria consciência – sempre no intuito de construir aprendizados que promovam benefícios e mudanças para si mesmos e para a organização.

Vale lembrar, que segundo a explicação piagetiana, a autonomia começa a se desenvolver quando o sujeito abandona o seu egocentrismo inicial, presente nos primeiros anos de vida. Portanto, o indivíduo conquista a legítima autonomia quando passa a responsabilizar-se integralmente pelo ambiente (no caso, o ambiente de trabalho) que é compartilhado com as outras pessoas.

Abaixo, algumas diretrizes às organizações e ao Líder Autônomo.

Papel do líder autônomo

- Desenvolver pessoas;
- Desenvolver a si mesmo;
- Desenvolver outros líderes;
- Fortalecer a autonomia moral e intelectual;
- Conquistar resultados, e não obediência;
- Praticar a tolerância sensata;
- Permitir que as pessoas se organizem do "seu jeito", mas alinhar objetivos, prazos e padrões de qualidade na entrega das tarefas;
- Sempre que possível, designar tarefas que os colaboradores se identifiquem em desempenhá-las, investindo nos pontos fortes dos indivíduos;

Autonomia 360°

- Dimensionar desafios para que haja melhoria contínua;

- Inspirar pessoas por meio de valores, dando um significado maior ao trabalho;

- Ser um guardião dos valores da organização e dos princípios éticos de conduta;

- Atuar como um coordenador e/ou facilitador dos processos que envolvem o trabalho, delegando tarefas e responsabilidades que estimulem a autonomia;

- Estabelecer regras em função da realização do trabalho e do bem-estar comum, envolvendo a participação de todos nesse processo.

Relação líder/liderado

- Relação dialógica e de cooperação.

- Relação de autoridade, sem autoritarismo. Isto é, sua autoridade lhe possibilita tomar decisões, mas também permite que a equipe participe efetivamente desse processo, assim como do estabelecimento de algumas regras que regem seu cotidiano.

- Relação de confiança construída por meio da coerência (entre o pensar, falar e agir), pelo respeito mútuo e pela transparência na atuação.

Objetivos educacionais

- Desenvolver pessoas continuamente;

- Fortalecer a autonomia moral e intelectual;

- Desenvolver líderes;

- Estimular as relações de cooperação;

- Zelar pelos valores da organização e pelos princípios éticos de conduta;

- Promover o autodesenvolvimento e a autodisciplina;

EDUCAR PARA A AUTONOMIA

- Criar uma cultura de estudo e aprendizagem constantes, na qual líderes e colaboradores se reconheçam como eternos aprendizes e corresponsáveis pelo desenvolvimento de si mesmos, do grupo e da organização como um todo.

Concepção de inteligência

- Reconhecimento e valorização das diversas inteligências, sobretudo as inteligências interpessoais e a inteligência emocional (que melhoram a qualidade das relações humanas), a inteligência linguística (que favorece a comunicação), a inteligência de resultados (que objetiva a eficácia nos processos), e a inteligência espiritual (que inspira, norteia princípios e valores e dá significado ao trabalho).

- Valorização da autonomia intelectual e moral por meio da capacidade de resolver problemas, criar soluções e colocá-las em prática e/ou tomar decisões éticas, equacionando regras e conflitos interpessoais.

Metodologia

- Programas interativos e vivenciais, que desenvolvam a maturidade crítica e comportamental dos indivíduos, fortalecendo sua capacidade dialógica e de cooperação. Para tanto, é preciso repensar os tradicionais treinamentos que se assemelham à concepção "bancária" de educação (na qual a empresa "deposita" o conteúdo), sem cair no erro de oferecer apenas entretenimento e aventura no intuito de "motivar" os colaboradores para o trabalho.

- Adotar conteúdos programáticos embutidos de significados considerados necessários pela empresa e pelos próprios colaboradores, o que implica em ouvir suas sugestões, interesses e necessidades (é preciso "dar-lhes a palavra", como dizia Freire) na construção dos conteúdos e dos programas educacionais.

- Estabelecer uma rotina de reuniões para compartilhar ideias, decisões e soluções aos problemas.

- Criar grupos de estudo (leitura e discussão dos mais variados textos, por exemplo) para estimular o pensamento crítico, o diálogo, o gosto pelo aprendizado e a maturidade comportamental.

- Dar desafios que permitam investir nas competências/ inteligências dos indivíduos (e não nos pontos fracos). As dificuldades devem ser apenas neutralizadas, quando apresentarem significativa ameaça ao processo.

- Dimensionar desafios provocando "desequilíbrios" (no sentido piagetiano significa situações novas) que promovam a necessidade de uma superação constante. Isto é, desafios gradativos, de modo que os indivíduos não fiquem nem na *zona de conforto*, nem se sintam incapazes diante de tarefas/metas (o que gera frustração, insegurança ou níveis intoleráveis de estresse). Somente a superação paulatina e proporcional ao estágio de desenvolvimento do indivíduo é que promove o crescimento e a melhoria contínua.

- Adotar uma tolerância sensata com o erro. Encarar erros e acertos como uma oportunidade de aprendizagem. Acertou, divulgue para que os outros acertem também. Errou, divulgue para que os outros não errem também. Só assim é possível criar um ambiente no qual as pessoas se sintam seguras para tomar decisões na tentativa de resolver problemas.

Avaliação

- Avaliação e autoavaliação focadas no autoconhecimento e no desenvolvimento do indivíduo.

- Avaliação individual (retrospectiva). O foco é estimular o autoconhecimento, neutralizar pontos de atenção e reconhecer inteligências/competências para dimensionar desafios com base nesses aspectos.

- Avaliação de potencial (prospectiva). Avaliar o indivíduo em situações novas e, possivelmente futuras, nas quais ele possa demonstrar potenciais que ainda não foram identificados, por falta de oportunidade.

- Avaliação do grupo (retrospectiva). O feedback grupal é fundamental para compartilhar erros e acertos e garantir o alinhamento constante dos objetivos e dos valores envolvidos.

A seguir, um quadro comparativo entre as abordagens.

EDUCAÇÃO ESCOLAR:	Tradicional	Comportamental	
PAPEL DO PROFESSOR	Transmissor do conhecimento. Determina limites rígidos decorrentes da autoridade que o saber e a função lhe conferem.	Aplicador de técnicas de condicionamento que envolvem reforço (elogios, premiações) e punição. Um planejador de etapas programadas no processo de ensino.	
RELAÇÃO PROFESSOR/ ALUNO	Relação vertical. Somente o professor tem poder de decisão sobre as regras e conteúdos que serão transmitidos.	Relação vertical. O professor escolhe o conteúdo, controla e direciona o comportamento do aluno, motivando-o a participar.	
OBJETIVOS EDUCACIONAIS	Fornecer informações sobre o mundo e seu patrimônio histórico: descobertas científicas, realizações da humanidade. Ênfase na matemática e na linguagem.	Formar indivíduos produtivos. Instalar comportamentos considerados úteis e desejáveis à sociedade e extinguir os comportamentos indesejáveis.	
CONCEPÇÃO DE INTELIGÊNCIA	O conhecimento tem caráter cumulativo. Supõe-se que a inteligência seja a capacidade de acumular/ armazenar o maior número de informações possíveis.	Possuir um repertório amplo de comportamentos, habilidades e conhecimentos úteis e adequados à sociedade.	
METODOLOGIA	Aulas expositivas, exercícios de fixação – ênfase na memorização.	Técnicas de condicionamento: reforço positivo, reforço negativo e extinção.	
AVALIAÇÃO	Averigua se houve assimilação e reprodução exata do conteúdo transmitido: prova escrita, chamada oral... O erro é punido e atribuído ao aluno.	Averigua se foram instalados e/ou modificados os comportamentos escolhidos. O erro (em tese) é atribuído à técnica.	

EDUCAR PARA A AUTONOMIA

(Sócio) Construtivista	EDUCAÇÃO CORPORATIVA	
Facilitador e coordenador do processo de aprendizagem. Sua autoridade faz com que estabeleça limites em função da realização dos objetivos e da construção do conhecimento.	PAPEL DO LÍDER EDUCADOR	Desenvolver pessoas. Ser um facilitador e coordenar dos processos que envolvem o trabalho. Estabelecer diretrizes em função da realização dos objetivos e do bem estar comum. Influenciar por meio de valores. Delegar tarefas, liderar a si mesmo e estimular a autonomia.
Relação dialógica e de cooperação. Construção de regras em grupo, embora alguns limites educacionais sejam estabelecidos pelo professor. Há autoridade, mas sem autoritarismo.	RELAÇÃO LÍDER/ LIDERADO	Relação dialógica e de cooperação. Ambos se responsabilizam pelo desenvolvimento pessoal, grupal e organizacional. Vínculo de confiança que fortalece a autonomia. Transparência.
Desenvolver a autonomia moral e intelectual, assim como o aperfeiçoamento das relações sociais. Criar condições para que se desenvolva uma atitude de reflexão crítica, comprometida com a ação.	OBJETIVOS EDUCACIONAIS	Conquistar resultados e não obediência. Fortalecer as **relações de cooperação**. Salvaguardar os valores da organização. Desenvolver a autonomia moral e intelectual, superando limites continuamente.
O conhecimento deve ser construído a todo momento, em todas as situações. A inteligência é vista como a capacidade de adaptação e de solução aos problemas. Valorização da criatividade e do pensamento crítico.	CONCEPÇÃO DE INTELIGÊNCIA	Autonomia moral e intelectual: Pensamento crítico, capacidade de resolver problemas, flexibilidade e bom senso nas decisões. Criatividade e **inteligências múltiplas**.
Ênfase nas atividades em grupo que promovam a cooperação, o diálogo e que estimulem o raciocínio, a reflexão e a crítica.	METODOLOGIA	Atividades e reuniões dialógicas que envolvam a participação do grupo nas soluções dos problemas. Investir nos pontos fortes dos invidíduos. Dimensionar desafios em busca da melhoria contínua. Exercer a **Tolerância Sensata**.
Autoavaliação e Avaliação das produções do aluno e de sua relação com o grupo. Os erros são encarados como parte do processo de aprendizagem e atribuídos ao grupo.	AVALIAÇÃO	Autoavaliação e avaliação individual, focada em promover o autoconhecimento e o desenvolvimento do indivíduo. Avaliação do grupo para compartilhar acertos, erros e aprendizados.

CAPÍTULO 4
AUTONOMIA NA VIDA

Posso perdoar o que vocês fizeram comigo, mas como posso perdoar o que vocês fizeram com vocês mesmos?

Nietzsche

LIDERAR A SI MESMO

O líder autônomo é protagonista de sua trajetória profissional, abraçando para si o rumo de sua carreira, assim como a necessidade de desenvolver-se constantemente. E é justamente por estar aberto e adquirindo novos aprendizados, que ele ganha segurança para estimular a autonomia do seu liderado – preparando-o para assumir o seu lugar – à medida que ele também se prepara para aceitar novos desafios e galgar novas posições.

Seria até uma contradição estimular a autonomia do outro sem percorrer esse caminho consigo mesmo. Mas, isso é só o começo. O líder autônomo conduz intensamente não só a sua vida profissional, como também a sua vida pessoal, pois compreende que não são esferas distintas, e sim complementares. Liderar a própria vida é assumir responsabilidade por uma evolução pessoal, em todas as dimensões.

O indivíduo que lidera a própria vida reconhece o quão é preciso considerar, sempre, a presença do acaso. O acaso que muda os planos e rumo dos acontecimentos – assim como o indivíduo autônomo também muda a sua abordagem, a sua estratégia e a sua atitude. Ele sabe que raramente é possível escolher as circunstâncias. Isso é fato. Mas tem a consciência de que é possível escolher o modo como vai lidar com as inesperadas circunstâncias.

Quando tudo ocorre dentro de um padrão imaginado, as regras estabelecidas e as fórmulas prontas e/ou manuais de instrução são mais do que suficientes. Porém, no dia a dia as coisas não funcionam assim. Sempre acontece algo que não "fazia parte do plano", impondo a necessidade por uma atuação não programada. Alguns paralisam, outros se atropelam, e muitos agem como o "porteiro Zé". Mas há os que conduzem as situações com um nível mais elevado de consciência, apropriando-se de seu papel, de seus valores e de suas escolhas, em cada minuto de sua existência. E isso inclui todos os campos de atuação e intervenção no mundo (pessoal e profissional). Quando somadas, são as atitudes autônomas do indivíduo que, ao longo da vida, de um jeito ou de outro, desenharão o seu destino.

SETE PILARES PARA O APRIMORAMENTO DA AUTONOMIA

Liderar a própria vida é uma conquista e jamais haverá receita ou fórmula que garanta o êxito – embora as pessoas busquem por essas "soluções milagrosas" com demasiada avidez. A velocidade da informação, a constante mudança dos cenários e a necessidade cada vez mais contundente de se chegar à frente da concorrência, são possíveis causas desse compreensível comportamento humano, sobretudo no ambiente corporativo. No entanto, no campo da autonomia, atender a essa expectativa seria uma absoluta contradição com o âmago do conceito.

Quando se aponta exatamente *o que fazer* diante de uma situação, prolonga-se a heteronomia do sujeito que, ao adotar o padrão sugerido, se comportará sempre da mesma forma. Mas, adiantaria dar resposta pronta ao porteiro Zé? Certamente, numa próxima vez, ele executaria o "combinado", desde que a situação apresentada fosse exatamente igual à anterior. Só que em circunstâncias distintas, ele ficaria novamente confuso sem saber se deve, ou não, "abandonar a portaria".

Já quando se aponta caminhos que permitem raciocinar sobre as regras, conhecer os princípios que as norteiam, assim como as necessidades do negócio, o indivíduo compreende que é preciso *interpretar* e *adequar* sua atitude de acordo com o contexto e as circunstâncias. Ou seja, ele abandona uma atitude engessada e passa a agir com mais discernimento e flexibilidade. Por conseguinte, esse indivíduo amplia o seu repertório de respostas, o que também expandirá, de forma significativa, suas possibilidades de intervenção no mundo.

Ainda assim, mesmo que não existam "fórmulas prontas", existem caminhos que favoreçem a expansão e o aprimoramento da autonomia, contribuindo para que o indivíduo tenha uma atuação mais consciente e acertada nesse sentido. Entre os quais, apresento sete pilares fundamentais à autonomia, constituindo uma síntese das ideias apresentadas:

1. **Equacionamento moral e intelectual**

2. **Comunicação dialógica**

3. **Reconhecimento de si**

4. **Domínio dos impulsos**

5. **Coragem decisória**

6. **Desprendimento da experiência**

7. **Protagonismo resiliente**

1. Equacionamento moral e intelectual

Realizar o *equacionamento moral*, no qual abandona-se interpretações literais das regras, é condição fundamental para a autonomia. Trata-se de "pesar" e ponderar normas de conduta, elegendo uma hierarquia que se flexibiliza de acordo com as circunstâncias, em prol do respeito mútuo e do bem-estar coletivo. É o equacionamento dos dilemas existenciais – alinhando-os aos princípios éticos – que coloca o homem nos estágios mais avançados da autonomia.

Também o exercício da criticidade (por meio do *equacionamento intelectual*) é uma das formas de autonomia novamente capaz de "pesar" e avaliar a consistência de uma informação e, supostamente, as "verdades" contidas nela. Para tanto, o contato constante com o conhecimento, principalmente quando via leitura criteriosa e seletiva, é fundamental. A valorização da ciência e da pesquisa, ainda que não sejam fontes absolutamente fidedignas, são bases consistentes para fortalecer o pensamento crítico e, portanto, um pensamento mais autônomo.

A autonomia intelectual também compreende uma expansão, via desenvolvimento das Inteligências, em suas diversas manifestações. Afinal, a revisão do paradigma, ao descentralizar o raciocínio lógico-matemático, possibilitou reconhecer inteligências que valorizam a obtenção de resultados mais concretos, assim como o aprimoramento das relações interpessoais e da moralidade. Isto é, uma gama de potenciais mais conectados com a capacidade do ser humano de intervir no mun-

Autonomia 360°

do, em prol das reais necessidades dos indivíduos e, ao mesmo tempo, da ética e da organização social.

O *equacionamento moral* e o *equacionamento intelectual* se tornam uma coisa só, no conceito de Inteligência Espiritual – definida como a capacidade de resolução dos conflitos de ordem moral. Somente o indivíduo inteligente espiritualmente terá êxito nesse aspecto que, de uma forma ou de outra, talvez seja um dos maiores desafios não só da liderança, mas da convivência e da evolução humana como um todo.

2. Comunicação dialógica

Na raiz da autonomia está a compreensão de que não há verdade absoluta, mas é possível aproximar-se dela por meio do confronto e da síntese entre as diversas verdades. Assim, indivíduo autônomo é aquele que não abdica do seu ponto de vista, mas aprende a dialogar com as divergências, pois sabe que só assim é possível aproximar-se de uma "verdade maior", cada vez mais alinhada aos princípios éticos universais.

Estabelecer uma *comunicação dialógica*, com pessoas de todas as idades e crenças, das mais diversas classes sociais e, sobretudo, com aqueles que discordam profundamente do seu ponto de vista, permite uma rica troca de experiências e de conhecimento, assim como a possibilidade de reavaliar constantemente as próprias opiniões. E, por essa razão, dialogar é expandir a consciência. É por meio do diálogo que surgem as verdadeiras possibilidades de confronto moral e intelectual que favorecem o aprimoramento da autonomia. Quando dialoga, o homem aprende a reconhecer a individualidade do outro, visto que não faz sentido falar em autonomia sem que o indivíduo conviva com autonomia alheia. A autonomia, isolada de um contexto no qual ela é compartilhada com outros seres, também autônomos, fica totalmente descaracterizada. E esse talvez seja o aspecto mais paradoxal da autonomia, pois para ser autônomo o homem precisa do outro, sem o qual não poderia constantemente reavaliar a si mesmo.

3. Reconhecimento de si

No caminho da autonomia é necessário *reconhecer a si mesmo*, com a mesma dose de criticidade indicada para realizar um equacionamento moral e intelectual, quando avalia as "verdades" do mundo. E esse passo é fundamental para aprimorar os critérios de escolha que são feitas na vida.

Desde o nascimento, o indivíduo recebe uma série de rótulos – carregados de ideias absolutamente subjetivas – e que deturpam a construção de uma identidade mais realista. Ora pais "corujas", que supervalorizam toda e qualquer produção de seus filhos (que para eles são nada menos do que verdadeiros gênios), fomentando uma autoestima ilusória, ora uma sociedade impregnada de preconceitos e estereótipos, alimentando ideias de impotência e de inferioridade, também ilusórias. Ou seja, o indivíduo é constantemente impregnado por uma série de projeções que o fazem acreditar que fazem parte de sua personalidade.

Ao longo do seu desenvolvimento o ser humano também é depositário, sobretudo por parte dos pais, de uma série de expectativas, na maioria das vezes para compensar as suas próprias frustrações. O indivíduo então recebe uma "educação" totalmente direcionada para atender a essas expectativas, e ele mesmo quase não reflete sobre quais são as suas próprias em relação a vida.

Nesse contexto, fortalecer a autonomia implica em buscar a própria essência, reconhecendo fortalezas e fraquezas, assim como os mais íntimos desejos. Só assim é possível aprimorar a legitimidade das escolhas que são feitas. O *reconhecimento de si*, em sua essência, é fundamental para direcionar objetivos de vida, colocando o indivíduo nos caminhos pelos quais deseja, genuinamente, enveredar-se.

4. Domínio dos impulsos

Autonomia é governar a si mesmo. Portanto, quando o indivíduo desenvolve o *domínio dos impulsos* e compulsões ele caminha em direção à essência da autonomia. E isso nada tem a ver com um discurso repressor e moralista que condena os "prazeres mundanos". Autodomínio também não é sinônimo de rigidez ou privação arbitrária, tampouco implica em tornar-se um carrasco impiedoso de si mesmo.

O sentido aqui proposto é o de não se deixar governar pelos instintos ou por impulsos destrutivos e/ou autodestrutivos, que levam a qualquer direção, sem nenhum critério de escolha racional consciente. Isso

Autonomia 360°

porque, o oposto disso, é a autonomia que permite equacionar e hierarquizar os "prazeres" de modo que não se sobreponham aos desejos e ideais verdadeiramente significativos ao Ser.

Enfim, quem se deixa governar pelos impulsos só faz o que dá vontade, alimentando-se de pequenos prazeres, voláteis e passageiros. Já quem possui autonomia faz o que é melhor para si – e é obvio que nem sempre o melhor é o mais prazeroso (a curto prazo). O indivíduo autônomo é capaz, portanto, de atuar sobre a própria vontade, para construir alicerces de uma realização mais consistente, verdadeira e duradoura.

5. Coragem decisória

A coragem está na essência da autonomia. Coragem é o antônimo do medo, e o medo da punição é a motivação predominante dos heterônomos que obedecem sem questionar. Pois é preciso coragem para "desobedecer" ordens advindas de figuras de autoridade (ainda que em prol da ética); é preciso coragem para expor a próprias ideias quando divergem do senso comum; é preciso coragem para questionar "valores" pré-estabelecidos; é preciso coragem para arcar integralmente com as consequências dos próprios atos; é preciso coragem para transgredir regras, quando necessário.

Enfim, é preciso coragem em todas as decisões autônomas, mas não a coragem rebelde e adolescente, e sim a coragem dos que atingiram maturidade moral e intelectual. Não é, portanto, a coragem dos imprudentes. É a coragem galgada no discernimento. Quem possui essa ***coragem decisória*** tem potencial para construir novos paradigmas – para si mesmo e para a sociedade – em prol do desenvolvimento dos homens e das organizações.

6. Desprendimento da experiência

O ***desprendimento da experiência*** implica em aprimorar a percepção de que tudo é transitório no universo, cujos homens estão inclusos nesse contexto, sendo, portanto, seres em constante movimento e transformação. Assim, o ser autônomo vive plenamente cada experiência que a vida lhe oferece para, então, desapegar-se dela, apropriando-se apenas do aprendizado que ele extrai.

Quando experimenta o fracasso, o indivíduo autônomo reavalia a si mesmo, elabora o significado de sua vivência e retira o conhecimento necessário, sem criar uma identificação direta com o que foi vivenciado. Ou seja, ele não passa a se considerar um fracassado. E assim também o faz com as experiências de sucesso. Isto é, vivencia o momento com intensidade, apropriando-se dos acertos que lhe possibilitaram tal sucesso para, posteriormente, desprender-se com a consciência de que tal experiência também não representa uma condição perene. Compreender que não é possível vencer sempre, nem agradar a todos, a todo momento, é uma forma de desprendimento que fortalece a autonomia.

Enfim, a autonomia se estabelece quando há um desapego no qual o indivíduo não se mistura com a experiência que foi vivenciada. Ou seja, ele não cria uma identidade com ela, tampouco uma fixação, que a torne o único referencial. No campo da autonomia é preciso estar aberto, reconhecendo a existência de que são inúmeras as possibilidades que a vida pode apresentar.

7. Protagonismo resiliente

Falar em autonomia não é possível sem falar de um protagonismo que pode ser definido, nas palavras de Paulo Freire, como "tornar-se um fazedor do seu próprio caminho". Também o célebre pensador Jean Paul Sartre já dizia: "Agora, não importa o que fizeram de mim, mas o que eu vou fazer com o que fizeram de mim". Seu intuito era alertar para uma tendência humana que insiste em responsabilizar o outro pelos comportamentos assumidos – como se fôssemos vítimas impotentes do que "despejam" sobre nós. É claro não faz sentido responsabilizar uma criança sobre as consequências de seus atos, mas no adulto isso é diferente. O que também não significa ignorar que muitas vezes somos "engolidos" por acontecimentos que nos fragilizam.

Ao longo do seu desenvolvimento (quando a heteronomia vai sendo superada), cabe ao sujeito tornar-se cada vez mais responsável por sua expressão no mundo. E é dai que desponta o protagonismo de quem assume o papel que deseja representar na sua história. O protagonismo de quem agarra as rédeas da vida, com as próprias mãos.

Quanto à resiliência, este é um termo que foi buscado na engenharia, ao designar que um material é resiliente quando tem capacidade para suportar impactos, sem alterar sua estrutura. O mesmo acontece com algumas pessoas. Daí a origem que inspirou o conceito. Ou seja, existem indivíduos que embora tenham passado por situações extremas, ainda assim não sofreram significativas alterações psicológicas, e nem de caráter. São indivíduos que mantiveram sua integridade moral (conduta ética) e sua sanidade mental (lucidez), embora tenham sido expostos a circunstâncias de intenso sofrimento, estresse e/ou de privação. É como se esses indivíduos tivessem dito em algum momento: agora, não importa o que estão fazendo comigo, porque sou *eu* que decido o que vou fazer com o que estão fazendo comigo. E, com essa atitude, assumiram uma postura absolutamente ativa perante a vida. Nesse sentido é que os resilientes podem ser considerados os "verdadeiros protagonistas" no espetáculo de existir. O ***protagonismo resiliente*** é a expressão máxima do exercício da autonomia aplicado à vida.

AUTONOMIA É A CONQUISTA DE UM "ESTADO"

O conceito de autonomia, no sentido geral, foi abordado como a capacidade de **governar a si mesmo, orientando-se pela própria consciência que, por sua vez, está alinhada aos princípios éticos universais.** Indo além, autonomia é, sobretudo, a conquista de um "estado". Um estado de conexão consigo mesmo, no qual é possível tornar as escolhas cada vez mais conscientes sobre as regras e "verdades" que pretende-se, ou não, adotar em todas as situações que permeiam a existência humana.

Por ser um "estado de consciência", os indivíduos transitam e oscilam entre os diversos níveis de autonomia. Um dos motivos é que embora os aspectos moral e intelectual sejam centrais ao conceito, eles se ramificam em inúmeras esferas subjacentes, nas quais também é possível atingir, gradativamente, estágios cada vez mais autônomos.

Eis alguns exemplos: no que diz respeito ao plano *estético* – que abrange o universo da arte, a arquitetura, a decoração, a moda e os padrões de "beleza" de um modo geral – é possível atingir níveis diferenciados de consciência e, consequentemente, de escolha.

De início, talvez essa colocação pareça estranha, mas há um grau demasiadamente inconsciente na percepção humana até mesmo sobre a "beleza". Tal comportamento ocorre porque os referenciais adotados pelo indivíduo **são**, em boa parte, pré-determinados pela sociedade. O "belo" passa a ser identificado pelas lentes do que é culturalmente considerado "belo". Ou seja, a sociedade padroniza estereótipos que, posteriormente, são assimilados automaticamente pelo sujeito. Um livro infantil comprado na Europa, em geral, possui uma princesa loira. Mas e na África?

Esses mesmos padrões, por outro lado, também passam por transformações que os reeditam. Houve época na qual ser "gordinha" era sinônimo de beleza por simbolizar riqueza e fartura. Tempos depois, as "magérrimas" tornaram-se a referência adotada. Atualmente, ter um corpo musculoso ou "sarado" é o padrão de "beleza" dominante. E as próximas tendências ainda são uma incógnita.

Obviamente, todas as reformulações pelas quais passaram essas tendências, também aconteceram porque houve certa autonomia para modificar o paradigma anterior. Ainda assim, isso não descarta a possibilidade de se buscar, cada vez mais, atingir novos patamares de crítica e de consciência na apreciação estética, em sua abrangência. Porém, isso só será possível revendo a própria percepção, "trocando as lentes" para contemplar as coisas do mundo por diversos ângulos.

O comportamento de consumo também é predominantemente inconsciente, e até mesmo compulsivo, no qual perde-se o discernimento sobre o que de fato é fundamental ou realmente agrada, ao se "escolher" o que está na vitrine ou na prateleira. Paradoxalmente, é também a atitude autônoma que proporcionará escolhas até mesmo supérfluas (para outros), mas que para aquele indivíduo proporcionam prazer genuíno, carregado de significado estritamente pessoal. Não é, portanto, uma questão de permitido ou proibido, nem de caro ou barato. É somente, como já dito, uma questão de apropriar-se cada vez mais das próprias escolhas, libertando-se paulatinamente dos condicionamentos mentais que levam a uma atuação mecânica.

Também no campo da religiosidade o ser humano pode ter uma atuação mais consciente ao libertar-se da condição de apenas absorver dogmas difundidos pelos pais e pelas instituições religiosas e educacionais. Ao (re)significar as próprias crenças, o indivíduo expande sua visão sobre questões que envolvem a vida, a morte, a fé, o destino e o livre arbítrio e, – ainda que nunca alcance a "verdade absoluta" – tal processo se refletirá, no mínimo, na forma como esse indivíduo interpretará o sofrimento, ora inevitável, nos momentos críticos de sua vida.

Até mesmo na esfera da afetividade (o que inclui a sexualidade) é possível ter mais domínio. Isso porque o ser humano não se dá conta sobre o quanto reproduz comportamentos supostamente "afetivos" sem nenhum critério. Existem pessoas que justificam sua dificuldade em aproximar-se do outro sob o argumento de que, desde pequenos, aprenderam "a não gostar de gente assim". Existem também situações opostas, nas quais gostar de alguém torna-se uma espécie de obrigação. Quando, na verdade, a única obrigação humana é respeitar o outro em sua dignidade.

Enfim, é sempre possível alcançar patamares mais elevados de autonomia, em todas as esferas de atuação no mundo, nas quais há sempre a possibilidade de galgar estágios mais aprimorados e que, consequentemente, (re)orientarão as escolhas que são feitas na vida. É nesse sentido que – **assim como o "porteiro Zé" designa uma "atitude rígida e infantilizada"** – a Autonomia é a conquista de um **"estado de consciência, de centramento e de escolha".**

Nesse "estado", o indivíduo tampouco vergará para atender a padronizações e condicionamentos sociais, como também não sucumbirá a impulsos primitivos (conscientes ou inconscientes) que o levem desgovernadamente a qualquer direção. Em última instância, **a autonomia é um estado de conexão consigo mesmo, com a própria essência e, à medida que for sendo alcançada, permitirá ao indivíduo caminhar ao encontro dos seus desejos e objetivos genuínos, construindo um verdadeiro sentido à sua existência.**

AUTONOMIA: UMA JORNADA

Paulo Freire sempre afirmou a necessidade do homem se reconhecer como um ser inacabado e inconcluso. E por essa razão, atingir a autonomia – em sua plenitude – é obviamente uma utopia. Pois a autonomia é como um infinito espiral. Cada estágio de evolução da consciência corresponde a um novo ciclo que se inicia, para novamente encerrar-se, de modo que haja sempre um recomeço em patamar mais elevado.

AUTONOMIA NA VIDA

Trata-se, portanto, de um ir além, no qual jamais haverá um ponto de chegada.

Quando um líder (do outro e de si) decide investir nesse caminho, sua inspiração é o desejo pelo constante aprimoramento, em diversas dimensões. Ética, inteligência, espiritualidade, assim como a relação do homem consigo mesmo, com a natureza e com seus pares – são campos extremamente vastos – e a vida sempre se encarregará de proporcionar surpresas, dilemas e desafios que impulsionam a superação constante e conduzem à maturidade. Liderar com autonomia é uma jornada em aberto, para algum lugar em que as possibilidades se apresentam.

"... Inventamos a possibilidade de nos libertar na medida em que nos tornamos capazes de nos perceber como seres inconclusos, limitados, condicionados... Sobretudo, também, a pura percepção da inconclusão, da limitação, da impossibilidade, não basta. É preciso juntar a ela a luta pela transformação do mundo. A libertação dos indivíduos só ganha profunda significação quando se alcança a transformação da sociedade. O sonho se faz uma necessidade..."
Paulo Freire

REFERÊNCIAS BIBLIOGRÁFICAS

1. **BERGER, Peter; LUCKMANN, Thomas** – A Construção Social da Realidade, Petrópolis, Vozes, 2002.
2. **BIAGGIO, Ângela Maria Brasil** – Lawrence Kohlberg: Ética e Educação Moral. Moderna, 2002.
3. **BOBBIO, Norberto** – A Era dos Direitos. Rio de Janeiro, Campus, 1997.
4. **BUSH, Catherine** – Gandhi. São Paulo, Nova Cultural, 1987.
5. **DAMÁSIO, António R.** – O Erro de Descartes. São Paulo, Companhia das Letras, 2001.
6. **DARWIN, Charles** – A Origem das Espécies e a Seleção Natural. Curitiba, Hemus, 2003.
7. _____A Origem do Homem e a Seleção Sexual. Curitiba, Hemus, 2002.
8. **DESCARTES, René** – Discurso do Método – Os Pensadores. São Paulo, Nova Cultural, 1999.
9. **DRUCKER, Peter** – De líder para líder. São Paulo, Futura, 1999.
10. **FREIRE, Paulo** – Educação como Prática da Liberdade, Rio de Janeiro, Paz e Terra, 2000.
11. _____Educação e Mudança, Rio de Janeiro, Paz e Terra, 1983.
12. _____Pedagogia da Autonomia, Rio de Janeiro, Paz e Terra,1996.
13. _____Pedagogia da Esperança, Rio de Janeiro, Paz e Terra, 2000.
14. _____Pedagogia do Oprimido, Rio de Janeiro, Paz e Terra, 1987.
15. **FREUD, Sigmund**. Cinco Lições de Psicanálise. Rio de Janeiro, Imago, 1969-2003.
16. _____O Mal-Estar na Civilização. Rio de Janeiro, Imago, 1969-1997.
17. **GARDNER, Howard** – Estruturas da Mente: a Teoria das Inteligências Múltiplas. Porto Alegre, Artmed, 2002.
18. _____Inteligências Múltiplas: A Teoria na Prática. Porto Alegre, Artmed, 2000.
19. _____Inteligência: Múltiplas Perspectivas. Porto alegre, Artmed, 1998.
20. _____Inteligência: Um Conceito Reformulado. Rio de Janeiro, Objetiva, 2000.
21. _____Mentes Extraordinárias. Rio de janeiro, Rocco, 1999.
22. _____O Verdadeiro, O Belo e o Bom. Rio de janeiro, Objetiva, 1999.
23. **GOLEMAN, Daniel** – Inteligência Emocional. Rio de Janeiro, Objetiva, 1996.
24. **GOULD, Stephen Jay** – A Falsa Medida do Homem. São Paulo, Martins Fontes, 1999.

25. **JUBRAM, Renata Pedroso** – Inteligência ou Inteligências? Da eugenia à inclusão. Espírito Santo, Ex Libris, 2007.
26. **KANT, Immanuel** – Crítica da Razão Pura – Os Pensadores. São Paulo, Nova Cultural, 1999.
27. **KOHLBERG, Lawrence**. Psicología del Desarrollo Moral. Spain, Desclée de Brouwer, 1992.
28. **KUHN, Thomas S.** – A Estrutura das Revoluções Científicas. São Paulo, Perspectiva, 2001.
29. **LA TAILLE, Yves de** – Moral e Ética: Dimensões Intelectuais e Afetivas. Porto Alegre: Artmed, 2006.
30. _____Limites: Três Dimensões Educacionais. São Paulo: Ática, 1998.
31. _____Cognição, Afeto e Moralidade in: OLIVEIRA, Marta Kohl (org.). Psicologia, Educação e as Temáticas da Vida Contemporânea. São Paulo: Moderna, 2002.
32. **MAQUIAVEL, Nicolau** – O Príncipe. São Paulo, Ed Cultrix, 2001
33. **MILGRAM, Stanley** – Obediência à Autoridade in: SLATER, Lauren – Mente e Cérebro: Dez Experiências Impressionantes sobre o Comportamento Humano. Rio de Janeiro, Ediouro, 2004.
34. **MULLER, Jean-Marie** – O Princípio da Não-Violência: uma trajetória filosófica. São Paulo, Palas Athena, 2007.
35. **OLIVEIRA, M. Kohl** – Vygotsky. Aprendizado e desenvolvimento: um processo sócio histórico. São Paulo, Scipione, 2003.
36. **PIAGET, Jean** – O juízo Moral na Criança. Rio de Janeiro, Forense, 1994.
37. _____Psicologia da Inteligência. Rio de Janeiro, Forense, 1977.
38. _____Seis estudos de Psicologia. Rio de Janeiro, Forense, 1967.
39. **POZO, Juan Ignacio** – Aprendizes e Mestres. Porto Alegre, Artmed, 2002.
40. **STERNBERG, Robert** – Inteligência para o Sucesso Pessoal. Rio de Janeiro, Campus, 2000.
41. **VASCONCELOS, Maria Lucia M. C.; BRITO, Regina Helena Pires** – Glossário: conceitos de educação em Paulo Freire, Petrópolis, Vozes, 2006.
42. **VYGOTSKY, Lev S.** – A Formação Social da Mente – São Paulo, Martins fontes, 2000.
43. _____Pensamento e Linguagem – São Paulo, Martins fontes, 1991.
44. **WEIL, Pierre** – O Novo Paradigma. In: WEIL, Pierre; D'AMBROSIO, Ubiratan; CREMA, Roberto – Rumo à Nova Transdisciplinaridade. São Paulo, Summus, 1993.
45. **WOLMAN, Richard N.** – Inteligência Espiritual. Rio de Janeiro, Ediouro, 2002.
46. **ZOHAR, Danah; MARSHALL, Ian** – Inteligência Espiritual. Rio de Janeiro, Record, 2000.

www.dvseditora.com.br